生命樹

Health is the greatest gift, contentment the greatest wealth.
～Gautama Buddha

健康是最大的利益，知足是最好的財富。 ——佛陀

30 LESSONS for LIVING

Tried and True Advice from the Wisest Americans

如果
人生重啟。

1000位人生專家教我的生命功課，
那些不做會後悔的事

國際知名家庭社會學家
卡爾・皮勒摩 博士——著
Karl Pillemer, Ph.D.

洪世民——譯

獻給克蕾兒（Clare）、漢娜（Hannah）和莎拉（Sarah），
感謝妳們教給我人生最重要的課題。

皮勒摩博士的發現，不僅改變了他的人生，
也將影響我們每一個人。

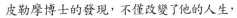

推薦序

我想過自己期待的日子

王意中
王意中心理治療所所長、臨床心理師

那一年，我決定選一座城市，一意孤行來到香港。這次的短暫旅行，不是因為工作，也不是家族旅行，只是單純地想要獨自面對自己。

人在一生中，會有許多不同的角色，等待著我們去扮演。我們總是迎合著對方，關注著對方，試著想要以最好的狀態呈現給對方。然而隨著時間的流逝，我們卻忽略了原來自己對自己少了認識，很是陌生。

在那一次的香港旅行中，我獨自來到周潤發的出生地——南丫島。路途上，與一位大約長我十歲左右的香港先生聊天，當時他也是獨自一人旅遊。閒聊過程中，兩人發現彼此的興趣、嗜好、對事情的看法很是貼近與共鳴。

他問我，剛剛是從哪裡走過來的？我向他指了指前方山巒，隨後相互告別，香港先生繼續移動。沒多久，我突然發現香港先生參考了我剛才的路線，往群峰走了上去，而感到訝異。我在這位香港先生的身上，想像著未來的自己，也期待日後自己能夠和他一樣，如此悠遊生活與自在。

人到了中年，終得停下來，好好面對自己的健康、生活、工作、家人和未來。我很清楚知道，自己得要非常敏感地覺察每個當下。我也相信，當這個步伐踏穩，下個步伐踏穩的機率便會相對提高。今天過得好，明天過得好就比較容易實現。

在香港旅行的那段時間，我總笑稱是自己最胖、身材最圓滾滾的日子。然而我也清楚知道，這種過胖的狀態，讓自己的思緒、心情、精神、生產力都大打折扣。我想要有所改變，至少日後可以像香港先生那樣。除了覺察之外，啟動執行力更是人生必要的功課。

我很慶幸直到現在，自己並不是個愛抱怨的人。我知道抱怨很自然，但無濟於事。我寧可選擇解決問題，提升韌性勇於接受生命中迎面而來的挑戰。

對我來說，我並不是那麼喜歡公定的紀念日，反而喜歡給自己定下專屬的紀念日。我不時告訴自己，每天都可以是紀念日。因為在人們一生中，**當下的這一天，都是獨一無二的日子，值得我們好好地珍惜、享受和感謝**。

隨著年齡逐漸邁向中年，我知道將迎來許多嚴肅、沉重的課題，無論是老、病、死。不過，許多關鍵就在一念之間。當你對「老」存在著負面解讀，便將感到害怕、畏懼「老」的蒞臨。但我想要轉個念頭，欣喜地看待自己能夠活到這個歲數，享受這麼多年來，在身旁發生的任何事物。

《如果人生重啟：1000位人生專家教我的生命功課，那些不做會後悔的事》如同一張人生的地圖，攤開在我們的眼前，讓我們有緣、有幸可以透過看似平凡的人們，所分享出耐人尋味的人生況味，讓自己有機會對人生的一切感到滿意。

推薦序

讓今天的結束帶走遺憾，迎向全新的明天

林靜如
娘子軍女頭目、作家

不知不覺，我已走到了人生的中途站（四十歲），一個很多事情還來得及、很多事情已經來不及的年紀；說老不老，說年輕不年輕。

在寫這篇推薦序時，我的第二個孩子四個月大，家中的長輩則年邁身體微恙。我低頭看著懷中的孩子，感受到生命的喜悅；抬頭卻看到雙親鬢髮如銀，悼念著人生中的每一個遺憾。於是，在我的不惑之年意外地迎接了女兒誕生後，我反而開始疑惑了起來：**人生如果非得有遺憾，我們如何在遺憾裡，仍然可以感受幸福**。

在《如果人生重啟》一書中，有一千二百位、六十五歲以上長者的幸福傳承。我們都希望在閉上眼睛離開人世的那一刻，是感受到幸福的，但要怎麼做到呢？

我認為，選擇是最重要的！我們的每一個決定，影響到我們人生的每一個步伐，相對地，也造就了我們的每一個境遇。

這幾年，老人學正盛行，過去經濟起飛，享受著物質富裕生活的一代，正踏上人生的暮途，他們正從風起雲湧的金色年代漸漸退出，開始跟人世告別。生跟死，我們都無法控制，但至少我們還

能抓住過程的決定權。

觀察身邊的人，你一定多多少少（其實可能是相對多）可以感受到，有些人明明旁人認為他很幸福，他卻覺得自己過得一點也不快樂，但這又是為什麼呢？我們都可以為自己做決定不是嗎？

於是，作者做了一個長達五年採訪計畫，找出人生當中每個你無法閃避的問題，並企圖從一千位長者的身上，找出婚姻、事業、教養、老齡的無悔人生所需的智慧！生、老、病、死既已無法避免，我們起碼得讓自己每個當下，都能悠遊自得，感受快樂。

在婚姻裡，如果你冀望對方做了什麼來為你帶來幸福欣喜，那麼你就很難快樂。你的工作，如果只是為了獲得報酬，再拿來換取其他你想要的東西，那麼你就很難快樂。關於老化，如果你只看到自己失去什麼，而不想想至少你還能做什麼，那麼你就很難快樂。死亡之前，如果你有能做、想做卻沒去做的事情，那麼你就很難快樂。但相對而言，如果把做不到的事，拿來折磨自己，那離快樂就更遠了。

說來似乎簡單，但物質豐裕的現代社會，罹患躁鬱症的人變多了，離婚的人變多了，生怪病的人更是有增無減。可見，這些人生課題，大部分的人都沒有找到答案，甚至是找到答案了，卻忘了實行。

如果我們可以從走過人生六十餘載的老年人身上，學到、得到、警惕到，或許可以少了許多踏錯步的時間，拿來做對自己生命更有意義的事。

我特別喜歡書中對婚姻的一項忠言：「一天的結束就是敵對的結束。」我想更進一步說，**一天的結束，就是遺憾的結束，每個明天，都是你丟掉包袱，把握美好的全新機會。**

推薦序

讓我在平凡中走向幸福的燈塔

曾端真
國立台北教育大學退休教授、古典阿德勒學派深層心理治療師

坊間關於人生智慧，以及如何經營成功人生的勵志書籍，前仆後繼地出版，表示人們對於勵志的飢渴，需要時常激勵一下心靈。有趣的是，如何致富成功的書，和如何滿足心靈飢渴、激勵人生的書籍常常並排陳列。似乎，**金錢與物質並無法滿足心靈和人生**。

我從小學時期，便被勵志文章和名言所吸引，對於人生如何成功相當好奇。小小的我，深受「一日之計在於晨」的激勵，養成了現在仍然早起的習慣。不過，也有遠在天邊、難以實踐的勵志名言。記得當年讀虎尾女中時，每當坐在禮堂聽訓，我總是望著講台兩側的對聯：為天地立心，為生民立命，為往聖繼絕學，為萬世開太平。我一直想參透這幅對聯，但是這樣的勵志名言實在為難了初中生的我，離現實人生過遠了。

多數勵志書籍或名言，都出自傑出與成功人士。在還沒閱讀本書之前，讀著成功人士的勵志書籍，仍然常常覺得有很大的距離感。他們的成功故事固然能激發「有為者亦若是」的豪情壯志，不過畢竟是人世間金字塔頂端的人，跟一般人的人生軌道是遙遠的。他們的成功之道、成功境界，令人難以望其項背。

但是我也不知道怎樣的勵志書籍才貼近庶民人生之需，才能每天應用在日常生活中。直到讀了這本《如果人生重啟》，有一種「這就對了」的興奮，覺得它真是我們這群金字塔底部人們的燈塔，指引出如何經營無悔而快樂的平凡人生。

這本書談的是日常生活智慧，含括人生六大範疇：婚姻、事業、教養、老後、無悔、快樂，這都是人們每天需要面對的現實人生議題。**彷彿把柴米油鹽醬醋茶的人生搬上了舞台中央，書中的人生專家們對著這些平凡的劇碼，敘說他們從酸甜苦辣的平凡生活中所淬鍊出的智慧。**

書中超過千位的人生專家教導我們——平凡的人生也能過得精采和幸福，庶民人生同樣能充滿智慧和快樂。就如談婚姻，婚姻已經夠困難了，需要有不在婚姻中添加難題的智慧，這是多麼平實的智慧呀。

作者卡爾．皮勒摩博士，是美國康乃爾大學傑出的人類發展學權威。他用嚴謹的社會科學研究法，花了五年的時間、訪問六十五歲以上的長者，用質性分析法詮釋與描述受訪者的人生智慧。皮勒摩博士說，**他自己是一個正在變老的人，試圖在其人生中應用書中智慧的平凡人。**

這本書點亮了每個平凡人的生命價值。平凡人的故事被搬上舞台，平凡人的生活智慧被珍視，平凡人的幸福人生被照亮，這對於芸芸眾生是莫大的鼓舞。我即是其中受惠者之一，尤其我也正走在變老的途中。這本書教我如何迎接老年，如何安排充實的老年生活，如何無懼於生命的老化和死亡。最珍貴的是，**我知道自己雖然平凡，但是我可以追求無悔與快樂。**

書中人生專家的智慧，幫助我們經營平凡而幸福的人生。

推薦序

你如何「準備」自己的幸福地圖？

朱為民
老年醫學及安寧緩和醫師、TEDxTaipei 講者

「老去」，由二個字所組成——老和去。

關於「老」，你的想像是什麼？是駝背、輪椅、終日臥床？還是自在、安適、四處旅行？

而關於「去」，你的想像又是什麼？是恐懼、黑暗、充滿憂傷？還是放下、說愛、提前道別？

每個人對於老去，都有不一樣的想像，而這本由老年學專家所撰寫的新書《如果人生重啟》，清楚地告訴了我們一些重要的事情。而其中我認為最重要的，就是在「老後無悔」一章中，提及我們和父母對於變老要「有所準備」。

關於「老」，最新的研究告訴我們，老化的過程其實是有跡可循的。從年齡增長、多重疾病，到行動力衰退，到衰弱，到失能，到死亡，成為一條直行線。只是，如果不幸走上了這條路，有沒有翻轉的可能？其實是有的，只是要「有所準備」。

準備什麼？年輕的時候是否有多運動，積存骨本並鍛鍊肌耐力？年輕的時候是否戒除不良的生活習慣，如抽菸、酗酒、吃檳榔，避免身體不會被反覆傷害？年輕時，是否採取健康的飲食，多攝取蛋白質，維持正常體重，不讓慢性疾病（如高血壓、糖尿病、心臟病）上身？透過準備，慢性疾

病、行動力衰退、失能是可以預防的。

關於「去」，書中一個又一個親身經驗的故事教導我們，對於衰老、死亡有沒有準備，結局可能大不相同。比方說，有沒有事先想好，年紀大了需要別人照顧的時候，是希望在家裡、安養機構還是護理之家？

有沒有事先決定，走到生命的盡頭，要不要接受插管、急救？或是有沒有事先告訴家人，有一天得到了失智症末期，希不希望被插上鼻胃管？有沒有想過，自己離世之後，是希望土葬、火葬還是樹葬？

透過準備，會讓看似不可預測的「死亡」這件事，變得比較不那麼緊張，不那麼令人焦慮。

身為一個老年醫學和安寧緩和醫師，我們常常在不同的場合提倡善終「四道人生」：**道謝、道歉、道愛、道別**。只是很多人誤解了，以為這四句話一定要等到最後一刻才說。事實上，就像書中提到的，**如果想說這些話，為什麼不能現在就說呢？**

你會發現，道謝、道歉、道愛、道別，也是一種準備，生命的準備、幸福的準備。

《如果人生重啟》一書，還提到了許多人生可以準備的層面，像是婚姻、事業、教養。如果這些事情也都用心做準備，那離快樂就更近了一些。而**其中一種準備的方式，就是把這本書打開，從一千多位人生專家之中，找到屬於自己的地圖。**

推薦序

一本值得時時翻閱的「人生地圖」

游舒帆
商業思維學院院長

多年前我曾閱讀過這本書，書中觀念帶給我許多啟發，也改變了我的人生。五年後的今日，這本書重新上市，適逢我離開職場創業滿一年，重新翻開本書、細細品味作者從眾多「人生專家」身上學習到的種種體悟，自是別有一番感觸。

約莫三年前我開始思索人生的種種可能，若沒有意外，我們這一代人應該能活到九十歲，於是我問了自己一個問題：「**往後的五、六十年，我打算怎麼過？**」這個問題我探索了兩、三年才找到答案，讓我在二〇一五年離開待了九年的公司，並在二〇一七年決定創業。若你想知道我的答案是什麼，我可以依照此書的六大主題，跟大家分享。

關於事業，你必須找到那個能讓你全心投入，並發揮專長的事。如果你覺得現在的工作無法讓你燃起熱情，也無法讓你開心，那你必須問問自己：「為何你要繼續讓這份工作，占據你每天超過三分之一的時間？」你可以找到諸多理由告訴我為何你情願停留在原地，也不願意冒點風險去尋找可能的答案，但五年、十年過去，回過頭想想，你會懊惱為何當年的自己什麼都不做。

關於婚姻與家庭，二〇一五年我為了在職涯上有所突破而決定離職；二〇一七年的創業則是為了家庭。當時，我的孩子們約莫一歲多，正處於牙牙學語與調皮的年紀，我希望能多花點時間陪伴她們；同時有感於太太白天要工作，下班後還要獨自照顧兩個孩子，我認為自己有義務要負擔起更多的責任。

孩子或許不會記得這段有我陪伴的時間，但我想珍惜的是**這段錯過就不會再回來的時光**，而成為自雇者有最高的機率可以擁有更高的時間自主權。

家庭與工作，兩者孰輕孰重？這個問題很有趣，我想大家自有選擇，而我堅定地認為家庭更加重要，所以我必須圍繞著家庭去發展我的職涯。如果組建家庭是你人生的必經階段，那你必須要思考如何在維繫好家庭的同時把工作做好，必要時，你總得做些取捨。

關於老後，如果我們可以活超過九十年，那有兩件事是非常值得思考的。第一，退休的年紀或許要延後，過去五十五、六十歲退休，現在或許要延後到六十五、七十歲，否則你就要有完善的退休財務計畫，確保積蓄足夠支撐你的退休生活。

第二，退休後的計畫是什麼，長達二、三十年的退休生活，你想要如何享受這段時光？這兩個問題沒有標準答案，但你必須要提早想想，有步驟地去實踐自己的退休計畫，時間到的那一刻，你才能從容地面對一切。

而關於無悔與快樂，這一年來我開始講授管理相關課程，並與學員們分享關於擔任主管的原則與價值觀問題。

我告訴大家：「管理其實沒有絕對的對與錯，只要你做了決定之後，晚上能睡個好覺就行了。」

這個標準看似不高，但只要仔細地思考過去做的每項決定，當懷抱私心時，晚上總是輾轉難眠；但若心存善念，讓原則與價值觀引導你做決定，那你通常會感到心安理得。一個心安理得的人，往往會是無悔與快樂的人。而無悔與快樂，不正是很多人終其一生追求的目標嗎？

這本書藉由訪談一千多位長者的人生經驗彙整而成，對人生的每個重要課題都有非常深入的剖析與解讀，**值得所有人每隔幾年重新拿出來閱讀**，好好檢視自己當下的人生狀態，迎向無悔與快樂的一生。

目錄一如果人生重啟

Chapter 3

事業無悔

推動你工作的是「使命」還是「存摺」？

Chapter 4

教養無悔

抗拒「完美」教養誘惑，和孩子走一段最幸福的時光

Chapter

7

快樂無悔

不要為了打翻的牛奶哭泣！向他們學「活著」

Chapter

8

生命體悟

智慧就在你認識的人身上，開口問吧！

關於姓名

本書所有姓名都是代稱，
如與真實人物（包括現存與亡故者）有所雷同，純屬巧合。
多數姓名是用隨機姓名產生器（沒錯，有這種東西）創造的。
事實上，如果你看到你的名字出現在書中，
那就可以確定這人絕不是你。

Chapter 1 幸福指引

尋找「人生專家」！
你的生命路徑圖即將改變

找到適合的伴侶，一輩子守著幸福的婚姻。栽培出傑出優秀的子女，享受彼此的陪伴。找到你喜愛的工作。優雅地、無憂無慮地慢慢變老。別做會後悔的事。懷著圓滿感與成就感走到生命的盡頭……。以上種種聽來像是美滿人生的描述，但我們要去哪裡才能尋得需要的指引，來完成這些人生的目標呢？

如果你是被書名吸引而拿起這本書，那麼你或許已經問過自己這個問題。而我寫這本書的目的，正是給你一些具體的、實際的建議，把生命過得無比充實。但首先我得讓你知道誰是「最睿智的人」，以及這是一本什麼樣的指南。你會看到，本書和你讀過的指導性書籍不太一樣。這是因為本書的資料來源獨一無二：它已經存在好幾千年，只是幾乎被當代社會所遺忘。

人們尋求建議的胃口似乎永不滿足。我們會看電視上的「專家」，希望找到關於人際問題、財務困難和性功能障礙的解決之道；會讀報上的專欄，參加研討會；求助於自我改進的網站；還會買書。目前美國市面上有三萬多種心靈成長類的書籍，根據估計，美國人一年花費近十億美元購買這些書。

請容我做個告解：我自己也有這方面的癮頭。就是那種一走進書店，便會直接前往心靈自助書區的讀者。對於我感興趣的每個主題，你都可以在我的書架上找到一本相關的忠告式書籍。我的家人已學會對我大聲朗誦報紙上的最新祕訣充耳不聞，不管是規畫技巧、紓解壓力、退休投資或其他當天剛好寫到的問題。我知道不只我會做這種事，每個人似乎都在尋找人生複雜問題的解答。

不過，在我觀察這些研究調查的同時，總覺得欠缺什麼。那些所謂的美滿人生大師有何真憑實據？是誰賦予他們特權來解決人生的難題？還有，既然我們擁有這麼多專業的諮詢顧問，為什麼仍然有那麼多人不快樂？在這場筵席上滿到溢出來的忠告，似乎讓許多望眼欲穿的人們更感飢餓。

哲學家、心理學家和宗教領袖，紛紛指出許多人潛藏的不滿：不滿意人生展現出來的樣子。我們過著豐衣足食的生活，但似乎**總是想要更多**。我們覺得時間不夠用，卻浪費更寶貴的時間打電玩、傳簡訊、讀沒天分名人的生平，或賺更多錢來買我們根本不需要的東西。

我們似乎老是在擔心——擔心我們的健康、我們的孩子、我們的婚姻、我們的工作。

我不禁開始懷疑，哪裡才能找到**以現實生活為基礎，經得起時間考驗，真能幫我們把人生過得充實的忠告**？六年前，當我五十歲的時候，我發現自己亟欲得到這個問題的答案。步入五十大關，意味著步入一個全新而饒富趣味的人生階段（至少對我來說）。你仍一腳穩穩地踩在婚姻、工作及養育子女之中，並雄心勃勃地規畫未來。但你也嗅到即將來臨的事：你的孩子即將長大成人，並高飛遠翔。你或許已經失去一、二位至親；原本健康的身體，可能開始有一點不聽話了。

但最重要的是，你有了更長的一段人生可以回顧。你發現自己明白事理了。當看到二十三歲的兒子在談戀愛時，因拿不定主意而苦惱，這時你聽到自己說：「我也經歷過這些。相信我，一切都會好轉。」你看到兩個年輕同事為了某件芝麻小事爭得面紅耳赤，於是你對同年齡的同事說：「那些傢伙未免太激動了吧！那有什麼好吵的？」

一些經驗告訴你，一時的成敗不算什麼。你開始了解何謂高瞻遠矚，知道長久來看，每一件事都有其意義。或許你變得更能接納他人，想稍微慢下腳步，察覺當下的小小快樂。

一個想法開始在我心裡滲透：關於變老，或許有什麼內涵能教你如何活得更好。我突然想到一個問題，催生了這個計畫：我們能否把最年長的人視為「會過生活的專家」？可否利用他們的智慧，幫助我們將人生過得充實？

這麼說實在有點難為情，但這個想法確實來得意外，因為我本身就是老年學家：研究人生「第三時期」（一般認為是六十五歲之後的階段）的學者。過去三十年，我進行了數十項研究，並針對「照護阿茲海默症雙親的壓力」「協助長者面對慢性病及殘疾的方式」，以及「如何改善護理之家的照護」等主題，發表科學論文。在我的研究中，採用了嚴謹精密的方法與科學篩選的樣本，以及已獲證明的標準，試圖理解老化的過程。但我一直覺得少了什麼。儘管研究老年問題數十年，我心裡始終有個疑問：**關於如何活出美好的人生，他們是否有更多心得可以告訴我**。

然後，一樁特別的事件，將我更堅定地推往一個新的方向，展開一項將占去我（有人會說使我著魔）五年之久的工作。那是個轉捩點，當下我並不了解它的重要性，但它最終造就了這本書。

我常因為工作拜訪護理之家。我不知道你曾在護理之家待過多久時間，但我敢保證，那裡不是地球上最歡樂的地方。儘管這類機構大多會提供完善的醫療照護，那裡卻有一股制式的氛圍，讓你一跨進前門，便覺得意志消沉。

每一位居住者和工作人員都知道，進入這間屋子是一條「單行道」；幾乎對所有居住者來說，離開便意味著生命終了。護理之家照顧社會上病情最嚴重、身體最孱弱的人，其中許多人已失去他們的摯愛和照顧自己的能力，有人甚至失去了記憶和自我意識。

在那特別的一天，一名護士跟我聊天時說：「你有一點時間嗎？我希望你見見茱恩．崔斯可。我聽說你想認識有趣的老人，」確實如此！「而我剛好有個人選。」

那是典型的制式化房間，有兩張床。坐在窗邊一張扶手椅上的茱恩，一聽到護士的問候便轉過頭來。看得出來她很瘦，臉龐框著一圈棉花似的白色毛髮。她的皮膚呈現出蠟一般的半透明，就是我們有時會在高齡長者身上見到的那種樣子。

我從護士口中得知茱恩是「全照護」的居住者，日常起居的每個活動，包括那些最私密的活動，都需要人協助。「她的視力退化了，」護士告訴我：「所以站近一點，她才看得到你。」活了近九十年之後，茱恩的身體正處於最後一個有負於她的階段。

護士的問候很平常：「今天過得好嗎？」但答話卻對我起了戲劇化的效果。「還可以！」茱恩以出奇有力的聲音回答。「到目前為止還可以！我洗過澡了，午餐還不賴，我正準備要看我的節目。」沒有停頓，茱恩繼續詢問護士家裡一連病了好幾天的幼童情況。得知他已經康復，她才將注意力轉至我身上。我不知道還能怎麼說，她似乎過得很愉快。

我深感好奇，她這麼樂觀的態度是從何而來，儘管生命已到盡頭，身體出了那麼多狀況。或許當下有什麼特別的事，但我還來不及思考，那個問題便已脫口而出。

茱恩看來一點也不驚訝。她親切地向我點點頭，告訴我：「嗯，事情是這樣的。我在你們所稱的棚屋裡長大，地板很髒，沒有室內衛浴。我有六個小孩，而先生有些殘障，工作有一搭沒一搭的。我每一天都努力工作，直到筋疲力盡。我經歷過經濟大蕭條，那時候我們連頓飽飯都吃不上。

而現在我在這裡，頭上有屋頂，一天有美味可口的三餐，還有非常和善的人照顧我。這裡有很多事情可以做，我每天一覺醒來，太陽就在窗外閃耀。畢竟我還活著。我還聽得見，看得到。」

她微微向前傾。「年輕人，」她說。我並不羞於承認，到這個年紀還被人稱呼「年輕人」是件挺愉快的事。「我希望你會明白，快樂是你創造的，無論你在哪裡。我為什麼要不快樂呢？這裡的人們一直在抱怨，但我不會。**此時此刻的今天，盡我所能地快樂是我的責任。**」

茱恩重複了最後一個句子，彷彿要確定我已了解那個觀念的急迫性：「此時此刻的今天，盡我所能地快樂是我的責任。」然後，她客氣地讓我知道她的電視節目——一個時事評論節目快要開始了，「我喜歡跟上時代脈動！」我感謝她撥空和我說話，便動身離開。

我沒有再回去那間護理之家，我猜想，茱恩頂多只剩下幾個月的光景。但我聽到自己在思考：「那到底是怎麼回事？」一個日薄西山、受盡病魔折騰的人，怎麼會有如此積極樂觀的心態？

所以我繼續探索智慧。我不是以一般的方式，如環遊世界，找治療師，或參加深奧難解的宗教儀式來尋求答案。為尋得實際的人生指引，我的辦法是尋找長者的人生智慧，而他們也沒有讓我失望。我愈來愈相信，要在人生不如意時找到成就感，長者的見識就是卓越的指引。

長者為我們帶來第一手經驗。他們走過人生，學到教訓。我靈光一閃：何不廣為採訪長者，讓其他人也能受惠於「群眾的智慧」？我們都知道三個臭皮匠勝過一個諸葛亮，事實也證明，集思廣益比較容易解決問題和做出恰當的決定。

當你集合了許許多多活過充實豐富的人生、且願意和他人分享人生課題的長者，你就擁有獨一無二的諮詢來源，可以幫助各年齡層的人。他們的智慧讓他們成為名副其實的「美好人生專家」──就算不如意也能好好過。讀者將在書中找到實用的辦法與信心：**我們真的可能克服人生的重大挑戰，並在面對逆境時得到喜樂。**

走過生命、獨一無二的「人生專家」

我們就要失去一種無可替代的天然資源了。無可改變的人類老化過程，正使我們喪失人類史上最傑出的群體之一：年長的一代。第一次世界大戰的最後一位老兵已經過世；二次世界大戰的退伍軍人都已八十來歲；經濟大蕭條時代最年輕的孩子也逼近八十大關。

當這個世代撒手人寰，我們要去哪裡才能尋回他們學到的人生課題；以及他們能教給我們──如何在逆境中存活並成長茁壯的智慧？

每一位長者，一如書中的採訪所證明，都是經驗與諮詢的寶庫。但當這些生命逐漸凋零，它能綻放的光芒也隨之黯淡。這本書的背後其實有一股急迫感。我們必須在他們逝去之前，盡快提煉、保存和分享長者教給我們，如何過得充實愉快的道理。

正如本書宗旨所示，我相信我們的長者是最睿智的人。因此在整本書中，我會用一個特別的詞彙來稱呼和我討論的人們——「專家」。我為什麼要稱他們是充實度過人生的專家？我會給你一些好理由。

長者擁有一個獨一無二，我們其他人所沒有的知識來源：他們已經走過人生，到過年輕人沒到過的境地。的確，他們或許不善於操作ＤＶＤ播放機，或許喜歡面對銀行櫃台人員勝於使用自動櫃員機，可能也不熟悉最新一季的電視實境秀，但他們擁有人生經驗的莫大優勢。已幾乎過完漫長一生的「人生專家」，確實最能正確評估何者可行，何者不可行。我為這本書注入的正是這種「專業」。比較年輕的人就是不可能像他們這麼深入、透徹地了解人生。

聽專家的話還有一個理由：他們是不平凡的人。老一輩的人經歷過我們在今天難以想像的事情。他們的極限已通過疾病、失敗、壓迫、喪親和危險的考驗，正是這些情況造就了非比尋常的智慧。長者的智慧高於我們，也是因為他們大都曾被逼到極限。他們熬過了那些經歷，吸取了經驗，並從中獲得寶貴的見識。

長者（特別是超過七十歲的長輩）曾以有別於現代人的方式度過人生。他們在二次大戰冒過生命危險，帶著更寬廣的視野，以及深刻的創傷回到故鄉。有些人熬過納粹大屠殺，有些人每天都逃過一死，在抵抗運動中奮戰。他們大都在物資極度匱乏的年代長大成人——這塑造了他們對於財富和物質的態度。他們的童年遭遇過嚴峻的困頓，許多人都親身經歷過戰爭和貧窮的戰慄。但他們也記得空氣和水比較乾淨，以及不必鎖門、隨時可請鄰居幫忙的時代。

他們為當代的問題和選擇，帶來不同年代的看法。這獨到的見解彌足珍貴，值得我們借鏡，檢視我們的人生。

最後，我在整本書裡以「專家」稱呼他們，以及在英文書名將之譽為「最睿智的美國人」（the wisest Americans）還有一個理由。**他們獨到的見解為當代社會有關「美好人生」的慣有觀念，提供了迫切需要的解方**。慣有觀念就是人盡皆知的事——社會成員在成長期間學到的東西。慣有觀念很方便，因為它指導我們如何過生活，提供美好人生的形象，並鞏固文化的價值觀。久而久之，慣有觀念便成為我們建立身分與自尊的基礎。

專家的建議往往顛覆當代的慣有觀念而指向替代方案。這種替代的觀念無法簡單歸類：有時我們會認為他們的見解很開明（例如長者通常對宗教較為寬容，也排斥唯物的世界觀）；有時又會偏向保守（例如認同婚姻應視為終身承諾）。他們的觀念動輒迥異於年輕人——尤其是對運用時間的態度。但是他們智慧的真價值，就存在於這些挑戰慣有世界觀之處。它可以引領我們檢視當代社會慣例，更心明眼亮地對我們追求快樂的腳本做出適切的決定。

本書以一個概念為基礎：長者——專家——所累積的智慧可做為各年齡層朋友的絕佳人生指南。對於人類可能遭遇的每個問題，專家們都擁有深刻的知識。你可以親自判斷，看看這一千多位最睿智的長者們可以告訴你什麼。我會盡可能直接引述這些專家的話，讓你親耳聽到他們傳授的課題。我想你會發現，他們提供的人生路徑圖，將有助於你改變角度審視目前的情況，並選擇能讓你更快樂的新生活方式。

這一生，我們學到哪些重要的課題？

暫且不說令人生厭的技術細節，我想告訴你這本書的資訊是如何蒐集的（如果你有興趣，可以參考書末詳盡的附錄）。我的資訊蒐集法是運用讓人們得以暢所欲言，詳述故事的方法（社會科學家稱為「質性研究」）。我從宣傳計畫開始，邀請長者回覆我下列問題來著手：「這一生，你學到哪些最重要的課題？」以及「如果要你為年輕一輩的朋友，提供有關如何度過人生的建言，你會怎麼說呢？」令我又驚又喜的是，我收到數百封來自於全美各地的回信，還有更多人在專為此計畫架設的網站上回覆。

接下來，我針對三百多位、六十五歲以上的長者，進行一項全國性調查。這是一項以科學方法進行的調查，受訪者為隨機取樣，由受過訓練的採訪者致電採訪。調查一般以這個問題開場：「你在自己的人生中學到哪些課題？」

緊接著再詢問受訪者覺得自己在特定領域，例如工作與職場、婚姻、教養子女、健康，以及宗教與心靈學到什麼。他們也被問到是否遇過任何教給他們寶貴課題的問題或困難，他們身體力行的核心價值觀和原則為何，以及他們對於如何老得健康、老得快樂一事有何建議。

最後，為取得最完整的資訊，我們挑選了近三百位來自於全美各地及各行各業的長者進行深入、詳盡的訪談。我拜託許多人士與組織推薦年紀在六十五歲以上，他們認為格外睿智的長者。我們鼓勵獲指名的長者鉅細靡遺地描述他們的觀念，並提供生平經歷，便於我們了解他們是在何種背景學到那些課題。總計有一千多位年長者回答了這個問題：「這一生，你學到哪些最重要的課題？」而答案就在你的手中。

我已改變我的人生！那你呢？

在蒐集資料和撰寫這本書時，我的首要目標是讓讀者覺得這些資訊「很實用」。重點不是訴說長者的人生故事──已有其他書在做這件事。我花了數個月時間，就專家們針對人生的每一個挑戰所提供的數千個具體建議，進行審核、挑選及分類。然後我濃縮了他們對這些議題的看法，將這一千多位高齡長者的所見所聞，歸納成他們希望提供給年輕世代的建議。

當我仔細整理多達數百頁的回覆，專家們提供的建議很自然地歸於六大主題。就每一個主題，我再分別提煉出五大關鍵課題。這就是你將在接下來幾章看到的──可以馬上開始運用的三十堂人生必修課。

我先從專家給予我們走入婚姻、維繫婚姻的建議開始。這建議是以他們總計超過三萬年的婚姻生活為本（許多人都已結婚超過三十、四十、五十年，或甚至更久）。接下來，我們轉向事業方面的建議：做你喜歡的事，堅持實現你的抱負。他們做過各種工作，從體力勞動、寫詩，到坐進執行長的辦公室都有。再來，我們看看教養方面的課題，這同樣是汲取自他們加起來養過三千個孩子的經驗。

我投入一章討論一個沒有人能懷疑他們專業的領域：如何一無所懼、快快樂樂地慢慢變老。然後，專家們要處理一個問題，拯救我們脫離所有內心的混亂——如何在生命中避開那些會令你悔不當初的事。最後的五堂必修課則站在宏觀的角度，在面對無可避免的喪親及病痛時，我們要如何把人生過得充實、保持愉快和滿足呢？看看專家們有何高見。

所以，眼前有什麼等著你呢？不妨把這從生命軌跡中淬鍊出的三十堂課想成一張幸福路徑圖。畢竟，除了結合無數人親自踏過那塊土地的經驗，路徑圖還能怎麼畫呢？如你將在本書所見，有許多關於人生的事——或說是祕密，年輕一輩的人不可能憑第一手經驗得知。我們需要請教已經走過那些道路、岔徑和死胡同，也意外繞了路的識途老馬，來了解我們人生應該遵循的方向。

不要再看那些名人、知名權威、電視傳教士、二十來歲的「生活大師」，甚至付費啟發性演說者的東西了。你應該聽聽最年長、最睿智的美國人——專家們的經驗談。我想，那有可能會改變你的一生。而我的人生已經因此改變了。

Chapter 2 婚姻無悔

一輩子的挑戰。你把婚姻當「自動販賣機」嗎？

露絲．赫姆，八十四歲

我在十六歲時遇到喬伊——我今生的摯愛。一九三〇年代，在我還小的時候，由於希特勒和納粹的緣故，我的家人必須離開德國，於是我們來到紐約這個城市。我姊姊艾倫在紐約一家俱樂部遇到她的男友湯姆。那是你會在歐洲看到的那種典型咖啡館，所以我們兩個女生常去那裡，和男孩們聊天、玩牌。

有一天姊姊跟我說：「明天跟我們去看足球賽，湯姆會上場踢球。」所以我在那裡第一次見到喬伊，跟他結為好友。

第二次世界大戰喬伊入伍時，我們還只是朋友。他回來後跟我聯絡，我們見了面。那時我二十歲。他常辦派對，有很多朋友，大家都喜歡他。喬伊邀我參加他的派對，我都帶著朋友一同前往。他帶男孩，我帶女孩，他人十分親切。

有一天喬伊說：「妳今晚想跟我一起跳舞嗎？」「噢，不行，」我說：「要跟我跳舞，你得在一個星期前跟我約會。」首先，那是當時的作風。但除此之外，你知道我為什麼不想與他共舞嗎？他是我非常喜歡的朋友，我怕如果跟他約會，他吻了我，而我不喜歡的話，我們就當不成朋友了。我不想失去喬伊這個朋友。

後來，他辦了一場新年派對，我找了朋友莎拉陪同。你知道他做了什麼事嗎？午夜時大家都會擁吻，於是他想盡辦法站到我的身邊。一到十二點，他就抓住我，吻了下去。那一晚，當我和莎拉回家時，我說：「我會嫁給喬伊！」那個吻……他想這麼做已經好幾年。

然後我們開始約會，此後我們再也沒有跟別人約過會。就只有我們兩個，最後我們結婚了。這一結就是五十二年。喬伊過世了——再一陣子就滿十年。沒錯，他是我今生的最愛，我的真愛。我們不是沒有吵過架，但我們在每個層面都發狂似地深愛彼此——身體如此，心靈亦如此。我們是絕佳的伴侶。

***　***　***

在現代社會結婚是件矛盾的事。一方面，很多人相信婚姻制度正受到嚴峻、甚至是致命的威脅。過去五十年來，結婚率節節下降，晚婚的比例愈來愈高，離婚率也逐年攀升，因而造就了那個常被引用的數據：美國婚姻半數以離婚收場。綜觀西洋史，家庭——包含丈夫、妻子和子女，是社會的堡壘，這種社會制度建構了多數人的私生活。相形之下，現今美國每十個孩子就有四個是由未婚媽媽所生，而多數男女在婚前便已同居。於是引發了這個問題：那張紙真的有必要嗎?

但這些令人嚴肅的數據也有另一面。在流行文化中，婚姻當然從未退流行，原因為何?或許沒有哪句話，比一九五〇年代經典電影《岳父大人》(*Father of the Bride*，由史賓塞·屈賽〔Spencer Tracy〕主演)的那段總結更具啟發性:「噢，史丹利，我不知道該怎麼解釋。婚禮，教堂的婚禮，那是每個女孩夢寐以求的。婚紗、橘色的花、音樂，那多動人啊，值得用整個下半輩子來回憶。」

現實調查顯示，婚姻在美國社會仍是多數人的理想。[1] 在高三學生當中，只有不到一〇%的人表示不想結婚。最終，仍有九〇%的美國人交換了戒指。因此，表面看來，儘管現今面臨著重重的挑戰，婚姻仍是穩固的美國制度和理想。這不是壞事——事實上，研究家庭的學者之間普遍存在一個共識：婚姻對我們有益。

知名家庭研究學家史蒂芬妮．昆茲（Stephanie Coontz）精簡地為研究做了總結：「如今西歐與北美的已婚人士，普遍比身處其他生活安排的人士更快樂、更健康，也更能抵禦經濟挫敗與心理憂鬱。」[2]已婚人士享有較高的收入和較大的情感支持。而暗示「婚姻有其意義」最引人注目的跡象，或許是離婚者的再婚率（約占七五%，而多數是在離婚四年內再婚）——這現象已被諷刺地形容為「希望打敗經驗」。

於是我們處於矛盾之中。多數人想要結婚，也有可觀的證據顯示婚姻有林林總總的好處。但伴隨婚宴而來的喜悅卻太常「變酸」，有近半數曾滿懷希望、欣喜雀躍地站在教堂聖壇前的愛侶，在歷經離婚的創痛後從頭來過。學者不確定是什麼讓一段婚姻「至死不渝」；又讓另一段婚姻「觸礁」而止。理論不一而足，但以研究為基礎的明確建議卻付之闕如。事實上，光是離婚率本身就足以證明這領域有多麼欠缺優質的諮詢。

在本章中，我們將看看最睿智的人，在如何找到終生伴侶和維繫婚姻上有何忠告（請記得他們很多人都已結婚數十載）。當我們比較專家與較年輕世代的婚姻經驗時，會發現兩者進入婚姻的過程如出一轍——只是場景不同罷了。不安與焦慮（我找得到真愛嗎？）和今日相同，第一次見面的愉悅，初步的調情，以及每天多了解摯愛一點的刺激感，全都延續至今。不過，對照於網路約會、單身酒吧、首次婚姻（starter marriages，編按：夫妻初婚，指結婚五年內且無子女的婚姻）和「釣人」等現代求愛法，他們的經驗就截然不同了。

我已將專家的建言提煉為五個婚姻的課題。在這五堂生命軌跡課中，我經常提到「婚姻」和「尋找婚姻伴侶」。這兩個用語如實反映了他們的忠告，因為這些長者幾乎沒有人處於長期未婚的伴侶關係。但我承認，美國約有五百萬對的同居伴侶。對某些人來說，決定同居也是人生的一大重要承諾，有時與婚姻毫無二致。另外，很多州仍未賦予同性伴侶合法婚姻的權利。所以你可視自身情況，將這些針對「婚姻」的建議視為「建立承諾關係」的忠告；兩種案例皆適用這些課題。

生命功課一・找到防止爭吵的「預防接種」

我問了數百位年長者，要維繫長久、幸福的婚姻，最重要的是什麼？他們幾乎異口同聲地說，相反或許很吸引人，但對於維繫婚姻可能不是最好的。想起我的警告了嗎？專家們的一些課程頗具爭議性，不是人人都能接受。然而在此，重要的是如實向你傳達他們告訴我的話——尤其是幾乎每位專家都為同一個原則背書時。基於他們長期在戀愛關係裡外的經驗，他們要教給我們的第一堂課是：如果你和伴侶本質相似，你們會更有可能白頭偕老。

最重要的是，專家們相信，**如果對方的人生方向與態度跟你南轅北轍，要維繫婚姻就困難得**

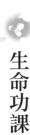

多。伴侶彼此相像的方式很多，但專家特別聚焦於一個面向：核心價值觀相近。

這麼多年來，我和許多走入婚姻的朋友聊過，聽了各式各樣墜入愛河的理由。對二十來歲的人們來說，理由包括感興趣的對象幽默風趣、收入不錯，當然還有外貌出眾。搜尋記憶，我想不起有哪個人說：「噢，我遇見最完美的人了。最棒的是我們有同樣的核心價值觀。」但專家的建議是，如果我們想要幸福長久的婚姻，價值觀正是我們該追求的事物。

對此，長者的觀念格外強而有力。專家不會站在羊腸小徑的起點，看不到第一個彎以後的情景，他們會全面了解地勢；什麼能讓這段漫長旅程輕鬆愜意，又有什麼會徒增艱辛，甚至使你無法走完全程。那就是共同價值發揮作用之處。

以艾瑪．席維斯特為例，現年八十七歲的她已經結婚五十八年了。她笑著說：「這是挺不賴的成就。」

> 結婚的時候我不知道這回事，但回過頭來看，我覺得擁有相同的基本價值觀相當重要。換句話說，如果你花錢無所節制，請和能理解這習慣的人結婚。如果你節儉成性，也必須找個能體諒你的人，因為金錢正是婚姻的一大絆腳石。所幸我們對大部分事情的價值觀雷同。
>
> 正因如此，我們真的沒吵過架，不曾為什麼事情苦惱。只要了解我們的目標大致相同，就能做成決定。我們都相信教育，同樣遵照社會道德標準，都想將子女養育成好公民，也都想撙節開支，做好財務規畫。

這裡的關鍵句是「我們真的沒吵過架」，和「不曾為什麼事情苦惱」。專家告訴我們，看似微不足道的議題也會引發爭執，因為它們其實反映了潛在的價值觀。妻子要不要買昂貴的高爾夫球桿，或丈夫要不要買新上市的電玩，都不是引發激烈爭吵的核心議題。真正的核心議題是，內心深處對「金錢」抱持的態度：它的意義是什麼，該怎麼花，以及財務規畫是否比滿足個人興致來得重要。**相似的核心價值觀，就像是防止爭吵的預防接種。**

現年七十四歲的凱斯．庫恩時常自省，想了很多關於價值觀的問題。「青少年時期，我密切接觸了禪宗，堅信心靈相契與真誠待人的重要性。隨著年歲漸長，那種契合只會愈來愈深。」

凱斯告訴我，在他的第一段婚姻中：「我們發現彼此不適合。我們的背景截然不同，觀念迥異。我們走到了那個地步，問道：『這樣下去有什麼意義？』到了第二段婚姻，我就了解了，而那是美好的二十四年。這一次婚姻是以協調一致和理解彼此的價值觀為基礎。」凱斯呼應其他價值觀相近的伴侶的說法，他告訴我：「我們從來沒吵過架。換句話說，我們沒有惡言相向，沒有權力鬥爭，沒有『我的做法才正確』或諸如此類的東西。」

班．桑托瑞里現年七十五歲。他在布朗克斯（The Bronx）出生、長大，家裡花了很長時間才從大蕭條中恢復。他們住在父親開的商店後面的房間。「我和我哥睡在客廳的沙發床，從不覺得貧困。一家和樂融融。我們有個大家庭，很多親戚都住在附近。」班喜歡用各式各樣的興趣和活動來填補退休生活。但他人生最大的樂趣是他的婚姻，而他的婚姻正是以相似為基礎。

> 對於我們生命中發生的事，我和妻子都覺得自己極為幸運，彷彿真的有天使守護著我們。我們是經由工作認識的。我在九月就職，而到職幾天後，我注意到擔任祕書職的她長得很漂亮。然後，如我所說，我的守護天使在那裡。我們上同一門課，於是我順利載她上下課。然後我們一起吃飯，一件接著一件。我們開始約會，最後我向她求婚，一舉成功，她接受了。
>
> 那種感覺就像命中注定。我們在很多方面都很相似。我真的很喜歡文化方面的事物，我常去看莎士比亞（William Shakespeare），以及觀賞芭蕾和戲劇，所以希望跟我在一起的人能夠喜歡這些事物。我對古典樂深感興趣，我很高興她也喜歡。總之，我們彼此相愛，我們就像同一個模子印出來的。我們對許多事情的看法一致，對政治及每件事情的價值觀都相同。

你或許會懷疑在婚姻上強調相似，是一種保守、物以類聚式的心性。但這種觀點實則貫穿所有族群，包括經濟、政治、地理及種族。例如七十一歲的艾波・史騰可說是專家之中的極左派，她生長在一九四〇年代的社會主義家庭，並深受女性主義及一九六〇年代的反文化運動（1960s counterculture movement，編按：首先發生在英國和美國的反文化反體制行為）影響。然而，被問及幸福婚姻的祕訣時，她也明確有力地表達出相似的重要。

艾波和丈夫史提夫結婚四十七年，直到史提夫在訪談前一年去世為止。艾波是備受敬重的社群領導人，主持數個地區性組織，史提夫則是當地知名的心理治療師。他們自始至終深愛著彼此，艾波至今仍未適應孀居的日子：「我二十歲時，就很愛很愛史提夫了。現在，雖然我知道在他死後我仍能向前走，但一談到他，我還是泫然欲泣。」他們的婚姻生活非常愉快。「我想我們塑造了美好的婚姻，我們的孩子甚至說，那對他們也很重要。」

這聽起來簡單，但你們必須喜歡彼此。先做朋友，試著超越一開始的紛紛擾擾，確定你們之間有深厚的情誼。我不覺得你們一定要有一模一樣的興趣，但你們必須有相同的價值觀。那十分重要，事關重大。沒錯，我想價值觀就是最重要的東西。

我們都愛某些種類的事物。我們都愛音樂、好電影，而我們的求愛方式包括熬一整夜，思索英格瑪．柏格曼（Ingmar Bergman）電影的真正意涵。我們都喜歡閱讀，同樣喜歡聊聊讀了什麼書。

雖然是在一九六〇年代相遇，我們碰巧都強烈堅持一夫一妻和彼此信任，那對我們非常重要。我想在某種程度上，身為臨床治療師的史提夫看多了那些在世上嘗試過其他方式的人，卻只落得悲慘下場。而我知道這對某些人來說並非真理，但我想，它讓我們更能信守對彼此坦誠、忠於彼此的承諾。

在被問到他們有哪些相同的價值觀時，艾波回答：

政治價值觀，覺得生活不要鋪張，有關對他人的信念，以及自己的信念。我們固然有不同的特定信念，但都深深覺得我們有所虧欠，我們的日子能過得這麼好，不只該感謝資源，也要感激時

> 間。我們都愛旅行，也都具備冒險精神。我們喜歡同樣的人，我認為這很重要。對於朋友，我們的看法很少不一致。對於養育子女當然也是。對於我們的孩子，以及對他們的期許，我們的價值觀非常類似。

她停頓了一會兒，想了想，然後若有所思地笑了，補充說：

> 我想，你們也必須有類似的幽默感。那是我們共同生活中非常重要的部分。事實上，在他去世的前兩個星期，我們聊了一整晚，他說了某些話，我不禁大笑起來，於是他得意地看著我說：「經過這麼多年，我還是可以讓妳開懷大笑！」他真的可以。

當然，這其中有個圈套：要確定兩人價值觀一致，你必須先清楚自己的價值觀。

現年八十三歲的約翰．福漢和妻子伊蓮結髮三十三年。在被問到維持長久、幸福婚姻的祕訣時，約翰回答：「這個嘛，我覺得你要先了解自己。然後我想這世上有一種半意識的態度及價值表，你可以用來尋找氣味相投的人。」

他解釋說，**你應該從逐一清點自己重視和相信的事物著手**，唯有這樣你才能了解，另一個人要怎麼與你相容。「因為，相形之下，如果對方的觀念看來與你無法契合，那就會成為問題。除了親子之外，這將是你這輩子最親密的關係。你必須確定你們的價值觀調和一致，而要做到這點，你必須先了解自己看重什麼。」

八十二歲的傑羅・亨德利（我們會在討論工作的第三章中進一步認識他），則以具體且條理分明的方法，來處理這個主題（一如他在人生的一切領域所為）。

我徹頭徹尾地仔細斟酌過才步入婚姻。這四十四年來我過得很快樂，之後因癌症失去了第一任妻子。然後我又娶了一個很棒的女人，所以我有兩段非常美好而充實的婚姻。我在兩段婚姻裡做的事情都一樣。我和當時的女友坐下來，列了七、八樣我所重視、且希望能從這段關係中得到的事物。就連第一段婚姻也是這麼做——那已經是六十年前的事了。然後我問她們能否接受。我說，如果不能，我可以理解，妳們可以拒絕我。但那兩次，她們都同意了。

我請傑羅說說他列了哪些項目。

好，一是「家庭取向」，因為我非常重視家庭。我認定自己需要一個「愛觸摸」的人——我想要不怕被人觸摸、也不怕觸摸別人的人。那非常重要，但我不是在說性，我講的是觸摸，這是我當場請求的前兩件事。

第三件則是獨立的價值，那就是我的自由空間。沒有自由空間，我就不是我了。這些都與生活方式有關，而它們的效果不錯，至少這兩段婚姻可以證明對我有效。我高興得不得了。

你需要列一張表嗎？或許不用。但在你要為一段關係許下承諾時，探索彼此的價值觀顯然是件有意義的事。你可以問這個問題：我們是否相信生命中的共通點舉足輕重？專家們建議在某個時間點——當雙方都認真看待彼此後，就該討論這個問題，弄清楚你們的核心價值是否相似。如果你們的關係發生問題，專家們認為，價值觀的差異可能就是問題的根源。

專家們的智慧與數十年來的研究發現十分吻合。研究婚姻的社會科學家長期尋找兩樣東西：婚姻穩定（婚姻維持多久），和婚姻品質（滿意的感覺和幸福的伴侶經驗）。這些研究人員依循確立已久的社會科學風格，用了一個比較專業的術語來代替「相似性」：「同質婚」（homogamy，又稱為相稱婚姻）。同質婚姻需要類似的伴侶，異質婚姻（heterogamous）則需要重要特質互異的伴侶（你可以在雞尾酒會上賣弄這些詞彙來嚇唬朋友）。

研究結果相當明確：在經濟背景、宗教等方面屬於同類，且年齡相近的婚姻最為穩定，通常也比較幸福。研究還發現，具有同樣的核心價值觀可以促進婚姻穩定和愉悅。所以，我們的專家在呼籲你尋找與你氣味相投的伴侶這方面，其實是合乎科學主流的。但是我們要怎麼應用這個資訊呢？

按照這個勸告行事，我們會遇到一個兩難的情境。一方面，專家的意見是如此一致（一如我們將在其他議題看到的）。無論來自何種社經背景、宗教遺產、種族族群或政治傾向，他們全體同意：找到教養方式、總體方向和價值觀類似的人，是維繫長久、美滿婚姻的不二法門。

但另一方面，我們活在一個多元社會，它愈來愈重視多樣性，打破舊有藩籬，理解也欣賞差異。這兩者不相衝突嗎？

這堂課教給我們的知識，其實能同時包容兩種觀點。專家們（如同社會科學家）並未教你絕對不要和與你不一樣的人結婚——即使你深愛對方。他們只是希望大家認清這個事實：如果我們嫁／娶了各方面與我們大相逕庭、特別是價值觀分歧的人，我們在婚姻生活中遇到複雜挑戰的可能性便會大增。

根據專家的說法，在面對客觀差異（諸如種族或經濟背景不同）時，共同的價值觀和人生觀對於提升婚姻品質及穩定度大有幫助。

下課之前，且聽聽專家們的最後一段建言。我們已經知道，他們相信如果伴侶之間毫無相似點，婚姻就不可能長久。但在婚後，我們能否基於你可以改變對方的假設，放手一搏呢？這概念構築了百老匯名音樂劇《我愛你，你太完美了。所以，還是改變一下吧》（*I Love You, You're Perfect, Now Change*）的基礎——劇名說明了一切。

專家對此的態度非常明確：把它忘了！他們指出，**懷著改變伴侶的目標走入婚姻，是傻人做傻事**——婚姻還沒開始，就已經被你破壞殆盡了。

七十二歲的艾莉森·韓利曾有一段十三年的婚姻；這段經歷對她造成深刻的影響，使她終生不再嫁。她給年輕人的建議如下：

> 我會說，多多了解那個人，不要非常年輕就結婚。我太早嫁了，回想起來，如果當初我年長一些，自我意識也強烈一些再結婚，對我應該比較好，我也會比較快樂。我以為自己可以讓另一半做

些改變，很不幸，我辦不到。我一結婚就幾乎馬上懷孕了。我發現自己很難脫身，基於財務理由，也基於我本身強烈的家庭價值觀。一路走來，我學到一件事——我絕對不可能改變任何人，只能改變自己。

高齡八十八歲的蒂娜．奧利佛有豐富的婚姻經驗。她不僅有過四十七年的幸福婚姻，也看著她五個孩子結婚且無一分手。此外，她還和年輕人一起當志工，熱切地觀察他們嘗試追求心上人與建立長久關係的做法。

訪問蒂娜的是我們最出色的年輕採訪員之一。蒂娜逮了個機會問她有沒有男朋友、有沒有打算結婚（我們的外出採訪員常遇到這種情況）。有男友的她回答：「有可能。很難說，現在事情發展得滿順利的，我沒辦法確定。」蒂娜回答：

> 除非妳百分之百地確定，否則千萬不要！還有，妳不要改變他。如果他有某種行事方式是妳不喜歡的，完全不用去想，因為他是不會變的。他這個樣子、這種作風至少二十年了，所以不會改變。會在婚後徹底改變自己的人很少、很少。

所以，在步入禮堂之前，你該仔細檢視，在蜜月期結束後，你的伴侶可能會出現什麼變化。然後問自己，如果這些事情無法改變，你會有多在意。因為在專家看來，改變是不可能的事。事實上，**比起改變你的伴侶，改變自己的觀感和行為的成功率還高得多**。專家告訴我們，婚姻已經夠艱難了，所以為什麼要選擇一個態度或行為令你無法忍受的伴侶，讓它難上加難呢？如果你是懷著改變的意圖來發展一段永久關係，那麼你就走錯路了。

生命功課二・跟你的伴侶做好友

在採訪專家期間，對於「你有什麼維繫幸福長久婚姻的祕訣」的問題，一個很常見的答案是：「我和我最好的朋友結婚。」無獨有偶，我常聽到那些婚姻不幸福的人說：「啊，我們善於談戀愛，但從來沒有學會怎麼當朋友。」

偏偏我們的文化又教我們要區別友情和愛情。經典電影《當哈利碰上莎莉》（*When Harry Met Sally*）就是一例，它已成為朋友與情人角色井水不犯河水的象徵。事實上，《威爾與格瑞絲》（*Will & Grace*，編按：同性戀題材中最成功的電視影集）和《慾望城市》（*Sex and the City*）等電視節目更廣為宣傳，異性之間的純友誼在其中一人是同性戀時發展得最好（或說，唯有在其中一人是同性戀時才會發生）。婚後，朋友與配偶之間的區別愈加明顯：這是兩種不同功能的社會類別。

友誼的特性是什麼？它比婚姻來得輕鬆。我們期待和朋友在一起，我們喜歡他們陪伴，我們有共同的興趣，經常聊天。相反地，我們全都遇過那種沒辦法跟另一半輕鬆說話的人（下一次你出席高級晚宴時，不妨觀察一下那些兩小時說不到幾句話的夫妻）。專家建議我們，你要在選擇結婚的對象身上，尋找當朋友的特質——你能與他自在地「一起打發時間」。或者正如一位專家告訴我的：

「回想你小時候的遊樂場。你的伴侶應該是你最想一起玩的那個小孩！」

專家們的重點是：在選擇伴侶時，別讓愛情蒙蔽了你對友誼的需要。那些令人心跳加劇的浪漫悸動，總有一天會減弱（雖然我們都希望它不會消失）。在這裡，透過經驗的鏡頭格外有用。這些專家們都看過自己的婚姻生活從一開始浪漫吸引的悸動，和很多人都坦承——勢不可擋的性慾，轉型為其他事物同等重要、甚至更重要的階段。

不論你覺得為真愛飄飄然的畫面有多重要，專家們提醒你一定要自問：「接下來呢？」五、六十年後，當你在同一個人身邊醒來，你還會覺得對方是你既愛又喜歡的人嗎？

七十歲的妮可．安布里茲成長在一個父母絕非朋友的家庭。「長大後，我常聽到他們爭執。那一直縈繞在我心底，而我就是不希望我的婚姻出現爭執，影響到我的孩子。」因此妮可在婚姻生活中分外努力。「大概十二年後我們了解到，我們的婚姻基本上有名無實，我們起床、上班、回家、煮晚餐……林林總總，做那些正常、普通，每天例行的事。」

妮可和她的丈夫求助於婚姻懇談（Marriage Encounter），一個協助賦予長期婚姻朝氣的方案。「我會說，直到那時我們才真正了解如何溝通及設身處地，」妮可說：「而且在家中、在婚姻裡身體力行。」她從半個世紀的婚姻生活學到的最重要課題是：

你們一開始就必須是朋友——當初我不知道這點——也必須願意鞏固情誼。當我們在四十九年前結婚時，一般人二十歲就結婚了。但現在情況不同了。對於等到二十五、三十歲才結婚的年輕人，我致以崇高的敬意，因為世界完全不一樣了。我們會跟年輕夫婦聊天，告訴他們：「你們一開始就要做好朋友，並且尊重彼此。如果你們互為好友，萌芽的愛苗就會繼續滋長。」

八十歲的派蒂．巴納斯是曾在年輕時結婚、離婚，然後在第二段幸福美滿的婚姻裡「改正錯誤」的專家之一。她也有一個簡單明瞭的建議：

你們一定要是很好的朋友，那是最重要的事情。浪漫和其他點綴品沒什麼不好，但不會長久。你們一定要是好朋友。

在專家看來，你應該和你的朋友——如果可能，和最好的朋友——結髮一輩子。他們由衷建議你仔細思考，你希望一個一輩子的好友具備何種特質，並在可能的配偶身上尋找。當兩人的關係進展到認真的階段，情侶可以、也應該討論的問題是：如果我們並未相愛，能當朋友嗎？

如果我們和多數夫妻一樣，不再有心動不已的激情，還有什麼能讓我們繼續在一起？（提示：答案不應該是孩子。）答案是友情，所以如果你們沒有友情，那麼就別結婚吧——就這麼簡單。誠如九十歲的馬可．伊斯提邦所說：

浪漫和愛情不一樣，這是經驗才能教你的課題。就我看過的例子，浪漫的愛不是成功婚姻的充分條件。在婚姻開始之際，那些被認為是愛情的東西，通常只是海市蜃樓，因為愛情是在婚姻裡慢慢滋長，終其一生而不間斷。首先是強烈的肉體吸引，再來是分享類似活動和興趣的喜悅。

生命功課三・別把婚姻當「自動販賣機」

在為本書採訪時，有時必須進行我所謂的「鑽探」，來理解專家們的「授課內容」。這是因為有時候長輩會用一個簡單的句子總結複雜的情境，而我必須鑽深一點才能找出潛藏的意義。在一些例子裡——比如我將告訴你的這個例子——很多人都說了同一句話，讓紀錄看來像是祈禱文。到了這項計畫的最後，我簡直可以自動答覆提出的問題——長久美滿的婚姻有何要素，「嗯，要一直互相遷就。」「雙方面都需要讓步與妥協。」「不能只有你或對方讓步，這是雙方面的。」

這個說法對許多專家而言似乎是不證自明，但對我則不然。在我請他們舉例或進一步解釋時，得到的答案經常是：「啊，你知道嘛，就互相遷就啊！」這個見解有何根據，它為什麼如此重要？我在訪問現年八十七歲、結婚六十三年的艾文・貝克時，以一個偶然想到的問題得到解答，我問：「你的意思是，婚姻必須兩人各占一半，對吧？是五五對等的問題？」

艾文簡直是用吼的回答——他的意思並非如此。「別把婚姻想成五五對等的事！把它想成百分之百，甚至是百分之一百一十，因為要考慮到我們自己百分之百缺乏客觀性。那必須是互相的。」好……或許我的理解能力比較差。那不是五五對等，比較像百分之百，但什麼的百分之百呢？艾文繼續說：「要讓婚姻起作用，唯一的方法就是雙方隨時都要完全付出。」開始懂了；你不能精打細算，說你投入五〇％，就要拿回五〇％，應該秉持的態度是慷慨地給予。如果計較誰給得多，就會陷入麻煩。

現年八十六歲的蘇．班尼特結婚六十年了。她的婚姻在早年起伏顛簸。她告訴我說自己太早嫁了，她和丈夫想要的東西很不一樣。結果，這對夫妻分居了好幾年，但之後重修舊好，克服了一開始的問題。她詳細說明了「超過五五對等的原則」：

> 嗯，婚姻不是五五對等的情況。有時可以是九比一，視情況而定。你必須持續大量付出。你必須了解另外一個人來自哪裡——設身處地為對方著想。家裡必須平靜祥和。所以，你就做個決定，嗯，好，就那樣，付出就對了。而我也是透過經驗才了解這點。有些時候你付出，有些時候他付出——你不能光坐在那邊計較誰得到多少。

婚姻要長長久久，夫妻倆都必須調整方向，情願自己付出多於獲得。如果兩個人都以「施」多於「得」為目標來投入婚姻關係，彼此便能相得益彰。這就是真誠合作的好處：兩人都對一段關係做出貢獻，這其中的益處絕對超越某天當下的利益。如果夫妻倆希望和專家們一樣白頭偕老，就必須避免精打細算，計算誰得到的多，誰得到的少。這種錙銖必較的態度跟使用自動販賣機沒兩樣：投進二十元，我就要拿到等值的飲料。根據專家們的說法，這種方式在婚姻裡起不了作用。

克莉絲朵．古雷特的故事就是很好的例子。以專家的標準來看，克莉絲朵還算年輕，才六十七歲。她多變的經驗和反省人生的能力，有助於我了解「超過五五對等的婚姻」的問題。

很不幸地，克莉絲朵沒有幸福婚姻的好榜樣；她形容自己的家庭相當「不正常」，以至於她決定不要生孩子，唯恐重現不幸的動態。她遲至三十五歲才結婚——希望確定自己已經斷然揮別早年的創傷，具備全心投入婚姻的能力。

當克莉絲朵和丈夫泰德結婚時，她走進了一個有五名孩子的家庭，這是很困難的調適。「當我嫁給這個育有五子的男人消息一傳開，人們紛紛過來丟下一句『噢，我的老天啊』便走人。我在想：『現在是怎樣？為什麼大家都突然為我感到難過？』」但克莉絲朵確實調適了，而她的情況，正是「婚姻不只是精心計算施與得的平衡」之縮影。

我無法想像和別人結婚的情景。我嫁給一個非常特別的人，覺得自己非常幸運。我們倆都不會在早上醒來時說：「這可以讓我得到我想要的嗎？」相反地，我們一覺醒來會問：「我可以為他做些什麼？」或「我可以為她做些什麼？」

比方說，我的先生已經退休，而那一開始非常困難。他不知道自己是誰。電話不會響，所以有好一陣子他覺得自己毫無用處。雖然找了一些事情做，但那幾年我覺得他相當抑鬱，而且漂泊不定。我記得當時自己在想：「好，現在我早上醒來就得想：他真的需要什麼，而現在他需要再多一點。」

他對我的態度也一樣。當我罹患癌症時，他的表現令人吃驚，讓我從頭到尾不覺得害怕或是被遺棄。他堪稱是超級看護。他的態度就像是「我退休了，這就是我的全職工作」。我一年大概住院二十五次，他總是開車接送。我常常擔心他會崩潰，但他始終不以為意。他從未表現出反感或作嘔什麼的。我們的婚姻就像這樣，起起伏伏的。有時候是其中一個人在需索、在獲得，然後就換另一個人了。

我會把注意力集中在「五五對等」的謬誤，是因為專家們對此有非常強烈的共鳴。很多專家都用生動的意象，來闡述這個有時難以解釋的概念。他們用來描述婚姻形象的，「團隊」占其中相對多數，這是夫妻都為對方著想而「同心協力」的終生大事，通力合作便能減輕生命的重擔。

專家中不乏哲人。八十歲的亞伯特．佛森就是真正的哲人。我喜歡聽他說話，沐浴在智者的教澤之中。亞伯特出生於一九三〇年、經濟大蕭條期間，在紐約州的一個小村落長大。父親經營一家雜貨店，他一邊在那幫忙，一邊照顧家裡的牲畜。他從小學到的課題是：一家人必須團結合作。

當我問到他的婚姻狀況時，亞伯特回答：「我和一個非常好的妻子結婚五十九年。好妻子會造就你，不會瓦解你，所以我認為自己非常幸運。**不要擔心婚姻裡誰贏誰輸**，關鍵在於通力合作，不要在乎那種事情。」亞伯特提出的意象，揭露了專家們婚姻智慧的核心。

我們鎮上有一間地方性的博物館，館內有一座實物大小的雕像，是一組拉著龐大貨物的勞役馬，兩匹馬都被馬具繫帶重重地勒著。在我們前一次的結婚周年時，孩子們問道：「你們會怎麼描繪或看待你們的婚姻？」我說：「去看看那座雕像——那一組馬，兩匹馬被繫帶綁在一起。」而那底下寫著：「畢力同心。」

在我心目中，那座雕像就描繪了我們的婚姻。我們從無比艱困的時代一路走來，很多時候根本不曉得自己能不能辦到。我們經歷過火災、天災、雹暴，和其他糟透了的情況。我們不僅熬過來了，更改善了生活，而那是我們一起做到的。如果有一個人變調，以為自己可以獨力完成，那就不可能成功了。

這個主題的最後一段話是出自八十一歲的安朵娃奈特．華特金斯，她的建議裡囊括了「婚姻不是計較分數」的概念。

我和我的孩子聊婚姻，而這是我傳給他們的小小寶石。每天早上起床，你要想的是：「我可以做些什麼，讓他今天能更開心一些？」也就是說，你們必須看著彼此，如果早晨你先醒來，能聚焦於對方五分鐘，只要五分鐘就好，你們的關係就會大大地改變。你們需要設法彼此支援，像團隊一樣通力合作——那麼婚姻就有可能長長久久。所以，每天一開始，想想今天能為你生命裡最特別的那個人奉獻什麼吧！

我自己曾試過這個概念——很有效。我家的早上通常是匆匆忙忙的，而在兩個人都這麼忙的情況下，實在很難抗拒緊盯彼此的誘惑，特別是在壓力罩頂時。我經常是先提出需求的禍首：「我怕來不及，可不可以早點出門？」「我今天得留晚一些，由妳去超市嗎？」結果，在你離開家門之際，惱怒的暗流已然蓄積。

我沒有按照安朵娃奈特建議的那般花五分鐘，但我試著很快地自問：「我可以做些什麼，讓她今天更快樂一點嗎？」如果晚十五分鐘出門，或是在回家的路上順便買牛奶，就能成就這件事，那何樂而不為呢？如此一來，一定能讓日子呈現新的風貌。

生命功課四・如何和伴侶「共用一個腦袋」？

在檢視你的婚姻時，專家們建議你問一個關鍵問題：你會和配偶交談嗎？你和他或她，可以無話不談嗎？或者有哪些危險話題是你們夫妻對話的禁區？如果禁聊話題不怎麼重要（例如：新的手機應用程式、買鞋或互動性電玩等），婚姻或許還能順利維持。但通常專家們相信，你的伴侶必須是你可以說話的對象。

事實上，在專家們的婚姻案例中，「事後反悔」最常見的源頭，就是發現你的另一半沒辦法或不願意溝通。

八十五歲的羅素．洛克伍德頑固得討人喜歡，他十分享受這段已維持三十七年的美滿婚姻。羅素努力讓他的婚姻活潑生動——每年四月一日的愚人節，他一定會捉弄妻子（她也試著對他惡作劇，羅素說：「但她沒像我那麼厲害。」）。在他生長的年代，丈夫和妻子通常不會開誠布公地溝通，所以他最重要的人生課題，就是不要複製這樣的關係。

> 嗯，我想，如果你們願意坐下來討論事情，婚姻就會美滿。你不能讓不滿在心裡沸騰，然後瞬間爆炸。所以如果有什麼事情侵入內心，而你覺得自己不堪其擾時，就必須吐露出來，侃侃而談。換句話說，你必須在火剛燒起來的時候，就加以撲滅。這是你在約會期間就該學會的事。你不必花多久時間，就能發現能否與對方溝通。
>
> 如果一段婚姻走到你們無法討論事情的地步，你們將變成兩個不快樂的人。

溝通在哪裡最重要呢？專家們一致同意，如果夫妻倆想和專家們一樣維繫長久的婚姻，務必要做的一件事情就是——學習如何溝通爭執。更明確地說，我們都必須**學會如何吵架**。吵架是無可避免的，重點是我們要如何處理重要的爭執。

朵拉．貝娜為人風趣。她在布朗克斯出生、長大——她的口音足以為證。被問到婚姻時，朵拉說：「你知道，這個舊腦袋現在有太多事情要記了。我們什麼都忘了。我和先生兩個人之間，只有一個腦袋。我現年八十六歲，而先生是個老頭子——他已經八十七歲了。」所以妳還沒老，可是他老了？「沒錯！而我們才結婚六十七年而已！」

當我請朵拉給年輕人一些婚姻的忠告時，她講了吵架的事：

> 嗯，我只想得到這件事：吵架不是世界末日——你知道我在說什麼吧？畢竟，住在一起的兩個人來自於不同的家庭、不同的生長環境。就算宗教信仰相同，你們還是兩個不一樣的人。如果你們吵架的話，必須體認到：「噢，吵架了，那又怎樣？就吵架而已嘛。」十分鐘後，你們就忘了。等你們再老一點，十分鐘會變成五分鐘。
>
> 今天的年輕人是「噢，我吵架了。」然後表現得跟世界末日一樣。你們只要繼續向前走就行了。我們家一星期起碼吵兩次！你想維繫婚姻，就一定會吵架——那沒什麼了不起！壞不到哪裡去。

所以我們必須習慣吵架。或許這句話對某些伴侶而言太重了，但就算是不「吵架」的伴侶也會意見不合。而**長久婚姻的祕密，就在於針對意見不合與爭論的溝通**。你已經聽到一個維持美滿婚姻六十七年（專家當中最久之一）的長者，興高采烈地告訴你，她和她的丈夫每星期吵兩次架。重點不在吵架，而在於你如何處理。

毫無意外地，專家們已研究出饒富創造力的方式，在意見不合趨於激烈之前，透過溝通將小事化無。沒有哪種方法獲得所有長輩的背書，但對於如何在事情變棘手——無論你稱之為齟齬、口角或爭吵之前溝通，他們確實有些建議。

祕訣一：如果難以討論，就離開屋子！

七十五歲的蓋瑞・薩伯建議，改變場景有助於你們溝通爭端。

> 當各式各樣的問題浮現時，很多時候是財務問題，你不能就此放棄這段關係。請記得，這就是你託付終生、一輩子所愛的人。你們應該繼續嘗試解決問題。不管問題是什麼，我發現，離開家裡、到外頭討論那些你們似乎無法對付的問題會比較好。找個適合講事情的地方——可能是公園、餐廳或任何地方。我們必要時都會這麼做。我不知道為什麼那比較有用，但就是有用。

祕訣二：先消氣，再找伴侶

安朵娃奈特・華特金斯發現，寫下心裡的話有助於拆解爭端，和增進自己的討論能力。

當我火冒三丈時，我會坐下來給先生寫一封長長的信，然後擱在一旁，隔天再拿來看——之後扔掉。把話寫下來是個好主意。我想，最重要的是發洩你的怒氣，辦法有很多。我發現寫下來大有幫助。

七十三歲的萊迪雅・麥肯昂同樣建議伴侶在生氣時後退一步，不要在盛怒之下爭論。以下是她的創意做法：

每對夫妻都必須找個辦法在互相咆哮前讓自己消氣。現在我們養了一些動物——馬和綿羊等。我的做法是離開現場，到馬房裡踱來踱去，和動物說說話。牠們當然很高興看到我，而且不會回嘴。大概過了半個小時，等我把我想吼的話吼完，我便會回家。我先生則有一座大花園，他可以去那裡做一樣的事。

你必須試著冷靜。在冷靜的過程中，你可以盡情地對動物、植物或其他東西吼叫，牠們不管怎樣都不會回嘴。這對我們相當有效。

所以，不妨考慮對植物、農場動物或無生命的東西吼叫——就是不要對著丈夫或妻子。

祕訣三：停止挑釁

班・桑托雷里和妻子杜絕了一種他們覺得危險的講話方式，這個策略值得許多夫妻效法。

婚後，我們多少經歷過挑釁的階段，而且情況愈來愈失控。所以我們約定好不要彼此挑釁，而這真的很有幫助。挑釁會惡化成非常棘手的問題，所以我們決定停止。我可能是比較討人厭的那個——比較會挑釁的人。我愛開玩笑，或許我自以為說得很好笑，但那不免過火了一些。然後她可能會挾怨報復。被挑釁的人態度一定會變。現在回顧，那是一個關鍵時刻，我們的轉捩點——停止挑釁。那真的能消除猜忌。太棒了！

祕訣四：讓對方暢所欲言

專家們發現，用心傾聽，向伴侶明確表現你在傾聽，是消除爭端的好方法。我承認這是我婚姻的瑕疵之一——總是關上耳朵，不聽妻子的意見。所以我試了這個要我們傾聽的建議，也發現確實大有裨益。

現年八十二歲的納塔莉・布澤爾的祕訣如下：

我學到在溝通的時候,一定要聽清楚對方說些什麼。在結婚之前,我單身了好一段時間——二十七年。我總是為所欲為,自以為知道所有的答案。當先生說話時,我不但沒有聽他在講什麼,反而老是在想怎麼回話、怎麼反駁、怎麼強調我想說的事情,那樣對溝通有弊無利。

你得打開耳朵聆聽,讓對方暢所欲言。等他們把話說完,再問:「你希望事情如何發展?」或「你覺得該怎麼做?」二十幾歲時,我認為自己知道一切的答案。現在我八十歲了,反而不確定我的答案是否永遠正確。

馬克和布蘭達.敏頓現在都已七十二歲,兩人創造了一種較正式的方式,來確保雙方的話都有被聽進去。我也試了這個方法,雖然,「保持安靜」對我來說很折磨。

有一個技巧對我們格外有效,到現在,我們仍在有需要時運用它。一方先發言五分鐘或十分鐘——你們雙方同意就好,在那段期間,說話的人可以暢所欲言,另一方只能聽,聽完要重複對方的話,直到對方認可說:「沒錯,我就是這樣說的。」然後雙方主客易位。這能緩和交火的情況,因為你必須複述對方的話,所以你更可能真正聽見對方的創傷和對方的意圖。然後換你講,對方聽。比起站在那裡懷疑對方究竟是怎麼搞的,這種方式更能開誠布公。

艾波.史騰建議「放下」。要怎麼決定誰該放下什麼?她提供了非常實用的祕訣。

重點是要放下一些事情，思考哪些重要、哪些不重要。這是我們很早就達成的共識，也是一直保有的習慣——那是非常新的概念。當我們就某件事陷入爭執，我們會停下來說：「這件事對我們哪個人比較重要？」思索出答案以後，另一個人就會更容易放手了。但我們需要有意識地停止爭執，想出答案。

生命功課五．除了另一半，更要對婚姻許諾

這是我這個年紀以下的夫妻，和七十歲以上的夫妻的顯著差異之一：七十歲以上的族群期望白頭偕老，而離婚的汙名會在艱難的時候維繫住兩人。

一九五〇年代中期和一九七〇年代初期進行的研究調查，顯示出一個驚人的變化：在所有人口中，包括不同年齡、階級甚至宗教的人，相信「離婚一定是錯的」的比例驟降，接受分居和離婚的比例劇增。[3]現今社會學家認為，與離婚有關的汙名已大致消失。二〇〇八年一項蓋洛普民意調查顯示，有將近四分之三的美國人認為，離婚是「可被道德接受的選擇」。

我問專家們：「如果有對年輕夫婦來找你，表示他們正考慮終止婚姻關係，你會給他們什麼建議呢？」專家們會苦勸他們收起這年頭隨便的態度，要將婚姻視為牢不可破的終生承諾。這當然是

有條件限制的：沒有專家認為該留在身心受虐，或配偶一再出軌，或是有激烈不可解之衝突的婚姻關係中。

但他們的確相信，多數的婚姻落幕並非因為上述那些原因。**婚姻終止往往是因為其中一方覺得自己的需求未獲滿足，因為「愛情幻滅」，或者因為兩人常常對芝麻小事意見不合**。專家們認為諸如此類的問題是可以克服的，但唯有在夫妻倆相信他們必須保住婚姻、解決婚姻問題時，才會願意去克服。

從專家們位於婚姻生活盡頭的位置來看，與其說他們傳授這個課題是以道德為基礎，不如說是他們自身婚姻遇到問題及想辦法解決問題的經驗。多數專家的婚姻都有過低潮，奮力掙扎之後——因為他們相信自己沒有走出婚姻這種選擇——他們以妥協方案、嶄新的關係重新開始，也通常能得到回報：在往後的人生維繫一段完好如初且能實現自我的婚姻。

專家們的婚姻觀和今天諸多伴侶的婚姻觀之間有個關鍵差異：他們相信婚姻不只是「兩個相愛的人」。他們忠於對婚姻制度的承諾，也忠於這個信念：「同甘共苦」的誓言，確實將你牢牢繫在這份承諾中。他們不認為婚姻是出於自願、有多少熱情就維持多久的伴侶關係，而將之視為我們都該尊重的深刻文化安排，就算事情會暫時變酸。

七十六歲的艾蜜莉亞．凱蘭德，以她五十四年的婚姻為基礎，舉出了一個相信「對婚姻本身的忠誠至關重要」的實例。

眼光要超脫此刻的熱情，要了解這是你為今生所做的承諾。一定會有難熬的點，會有對彼此惱火的時候，但那都沒有關係。我相信每個人偶爾都會覺得：「這不值得」，但我們知道它是值得的。我們忠於婚姻的誓言，也是對孩子、現在還加上孫子的承諾，因為我們想要成為他們的榜樣。為了信守對婚姻的承諾，你要說：「我們共度了那麼多美好的時光，那麼多艱難的時刻，那些全都織入我們的人生，成為生命的一部分了。我們不會拿它來交換任何東西。」

讓我們回到馬克．敏頓——就婚姻議題反省得最深刻的專家之一。他強調，人生難免苦痛掙扎，沒有苦痛掙扎就不算真的活過。他對婚姻的看法，考量了所有長期關係都包含喜樂與掙扎的事實，基於他的了解：信守維繫關係的承諾，一定會得到豐厚的報酬。

我們難免會對彼此有所不滿，但婚姻值得我們努力，讓它步入更好的境界。那需要你固執地懷抱希望，固執地忠於承諾。不要洩氣，要努力不懈，時間一久，你便能明白自己的堅持會有回報。任何一段關係都有光明也有黑暗，有你十分享受的高峰，但也有你必須辛苦穿越、不能放棄的谷地。放棄經營婚姻關係，就等於放棄所有未來的可能性。聽著，一定會有掙扎，但一定要有掙扎，不然就不是充實的人生。

有數量多到令人驚訝的專家提及，他們的婚姻如何走到轉捩點——差點放棄，但在關鍵時刻決

定回頭。而這個決定帶給他們許多年愉快的婚姻生活，現在他們非常慶幸自己並未中止那段關係。

八十九歲的珊蒂．哈金斯在二次世界大戰期間結婚，婚後她的丈夫就遠赴海外。他們的女兒在丈夫服役時出生，一歲半才第一次見到生父。在他回家之後，婚姻卻變得非常困難。

他在「突出部之役」（Battle of the Bulge，一九四四至一九四五年）中，隸屬於巴頓（Patton）將軍旗下——那是場慘烈的戰役。他回家後性情大變，雖然外表看不太出來，但他深受戰爭疲勞之苦，再也沒有變回我原本認識的他。他之前無憂無慮，愛唱歌，很開心，而在他回家之後，那些再也見不到了。他會在半夜起床，到附近踱來踱去。他常做噩夢，日子過得很煎熬。所以我們有很多地方必須調適。

但我想告訴你有關轉捩點的事。我的先生從海外回來後就開始喝酒。有些從二次世界大戰回歸的男人開始喝酒，只因為不願再想起那段經歷。他不是那種討人厭的酒鬼，不會踉蹌或跌倒什麼的，但我們發生了一連串不好的事。有一天晚上，他坐下來，開始牛飲。我從沒見過他這個樣子。那天，他喝到情緒大壞，所以我走過去跟他說：「我得告訴你，你得戒酒，不然我就走人了。」

我不知道我要去哪裡或做什麼，但我知道如果我非生存不可，一定可以自力更生。而他辦到了——他戒酒了。我在可以離開時做了留在婚姻裡的決定，我真的差點就放棄。

珊蒂十分慶幸自己沒離開婚姻，也相信其他人應該堅持到底，不斷努力改善關係：

但可惜的是，現在太多年輕人都太早、太快放棄了。他們會說：「我不需要這樣，我要離婚。」我們沒有這麼做。在我們的年代，我們執著於婚姻，離婚一詞不在我們的字典裡。我們會嘗試，會持續下去、努力嘗試。他又活了二十幾年，而我們兩個人——非常美好。那是一段很棒的人生，就像是給他也給我的紅利。

練習・一天的結束就是敵對的結束

在專家們教給我們有關婚姻的知識之中，有某種潛在的連貫性。他們提醒我們，要維繫長久的婚姻並不容易，它不會一直跟野餐一樣輕鬆愉快，也有許多高低起伏，連最穩固、最幸福的婚姻也會面臨挑戰。這一章的每一堂課都代表一種讓夫妻更輕鬆的方式。以下是美滿婚姻課題的備忘錄：

一、**跟氣味相投的人結婚**。核心價值和背景相似是幸福婚姻的關鍵。另外，不要想在婚後改變對方。

二、**友誼和愛情一樣重要**。在一輩子的關係裡，心動的激情終究會質變。找一個你深深愛著、也有深刻友誼的人結婚吧！

三、**別那麼計較**。別抱持婚姻一定要五五對等的態度；你付出多少，不會剛好得到多少。成功婚姻的關鍵是雙方都試著多付出，別在意能從這段關係獲得多少。

四、**彼此要交談**。另一半若是個堅強、沉默類型的人，反倒可能會是婚姻的致命傷。長久的婚姻伴侶，都是健談的人（至少會跟彼此說話，且討論重要的事）。

五、**別只對另一半許下承諾——要對婚姻許諾**。忠於婚姻的概念，認真看待它。請重視婚姻勝於眼前的需要，這會帶給你莫大的助益。

許多專家都說過同一句直抵上述課題核心的話。當我請他們就如何經營長久幸福的婚姻提供建言時，我便預期會有人說出這句話。它可能在一開始提及，也有可能放在最後；它通常不是重點，往往是後來才追加。「噢，當然我必須補充……」若說諸位專家對婚姻有哪個不約而同的建議，那就是——不要帶著怒氣上床。

為了穩固婚姻，我們該做的事情那麼多，何以「別將怒氣帶上床」這件事格外重要？回顧自身經驗，我不得不承認，沒錯，如果上床睡覺時還有婚姻爭端在心裡悶燒，確實有可能會產生嚴重的問題。雖然你可以聚集能量（有時是倔強的報復心理）吵一整天，但是在最私密的空間裡，若還懷著失望、怨恨，甚至是憤怒，那就有如芒刺在背。感覺就是不對勁。當一天走到盡頭，某人很快將不再說話，而某人將心靈受創，那麼這條旅途哪裡也去不了。

專家們在教導我們一件深切的事：**多數夫妻倆不認同的事，不值得超過一天的鬥爭**。去感覺一天即將結束的壓力，讓它敦促你們尋找解決之道，無論你們覺得準備好了沒。或許你們可以決定這議題對誰比較重要，讓那個人贏。在一封永遠不會寄出的信中宣泄你的情緒。想想那個問題是不是「小事一件」，放下就好。要達成共識：還有真正要緊的問題有待解決；在一天終了時，共同擬訂未來討論的計畫。不管你們要怎麼做，請在熄燈前完成。長者深知這個課題，年輕人同樣必須認真看待。

七十五歲的威爾瑪．亞格的這番話讓我茅塞頓開：

上床睡覺時一定要說「我愛你」。我不在乎你說「我愛你」的時候是否咬牙切齒，但你要說，一定得說。你無從得知那一晚到底會發生什麼事。

「你無從得知那一晚到底會發生什麼事」，這句話是長者謹記在心的真言，我們也應該放在心上。夜晚，在我們不省人事時，是一段不確定的時間，誰知道會發生什麼事呢？但這想法也有好的一面：隔天早上醒來，發現你仍在深愛數十年的伴侶身邊，這是何等快樂的事。能一起多過一天，就是幸福。

一天的結束就是敵對的結束，潛在的共同價值觀，以及對這段關係的承諾，應該勝過對最後一句挖苦或強辯的需求。因為一天的結束，當然，也可能是人生的終點。

Chapter 3 事業無悔

推動你工作的
是「使命」還是「存摺」？

傑瑞・迪弗瑞斯，七十八歲

在我十幾歲時，如果不用上學的話，我每星期在農場工作七天，很多時候，上學前和放學後也要工作。那時我清晨四點就得起床擠牛奶，餵小牛，然後七點半出發上學；下午三點半一放學，我便搭上校車回到農場工作，直到天黑。而那時我的書都還沒有念。我知道什麼叫辛勤的工作，當你十五、六歲時，那真的是很好的課題。

*** *** ***

就我們所知最古老的一篇故事中，工作被描述為「懲罰」。在偷嘗分辨善惡的禁果後，亞當和夏娃被逐出（據說不用工作的）伊甸園，落入現在我們所稱的現實世界。上帝的臨別贈言包括：「你必汗流滿面才得糊口，直到你歸了土。」（《創世記》三：一九）涼爽的時候不能再於園裡愜意漫步，飢餓的時候也不能再摘果子果腹。亞當、夏娃和他們的子孫，被判處終生勞役。

儘管有人提出烏托邦，但始終沒有人提出人類可以不用工作的體系。基本上，我們要工作才能生存——為了取得我們需要的糧食、衣物和住所。工作種類繁多，從孟買（Mumbai）的商業大亨到曼哈頓（Manhattan）的清道夫，但基本原則是一樣的：我們拿生命的時數交換金錢，然後用那些錢來過活。但對多數人而言，工作的意義絕不僅於此。它是生命意義和使命的重要源頭，是我們贏得自尊和成就感的方式，也是與他人聯繫的一種方法。那同樣是我們身分認同——我們認為自己是什麼樣的人——的要素之一。

工作（以及為工作做準備）至少占據了我們六十年的生命。而美國人很賣力工作，工作狂文化的徵象之一是：任一年，都有大約五億七千四百萬個假日被用來工作，相當於一年超過五千五百個工作壽命。[1]每一年，工作者平均會花一千八百小時在工作上，有時更長——像是多輪幾班或兼第二份差事，以便收支平衡。

比起過去幾個世代，當代社會的我們比較不可能終生守著一份職務。進入勞力市場的年輕人，終其一生會轉換五次以上的工作。找到喜愛又有意義的工作，已成為許多人的挑戰——這不僅是職場新鮮人的難題，不滿意現職或疲憊不堪的工作者也在尋找中年轉業的契機，剛退休的人士則積極爭取今天所謂的「安可職涯」（encore career，事業第二春）。

佛洛伊德（Sigmund Freud）提出了下面這個著名的見解：愛情與工作是人類幸福的兩大基石。前一章，我們探討過專家對於愛情的看法，現在讓我們把焦點轉向工作。

專家們加起來約有五萬年的工作經驗。你想像得到的工作，他們幾乎都做過，從路邊餐館的侍者到餐廳老闆，從士兵或女兵到指揮官，從工廠作業員到工廠老闆。有運動員和教練、神職人員、農夫、礦工、教師、各種類型的商人、企業執行長、零售店店員、藝術家、作家、演員。上個世紀美國職場的完整光譜，都呈現在他們的事業中。

正如他們的職業形形色色，專家們的職涯規畫也各有千秋。有些人勤勉地追求單一事業，數十年來都在同一個領域發展。有些人則一直轉換跑道，或發展過不同的事業（事實上，有些專家相信這才是理想的事業策略）。還有些人在就業與未就業之間擺渡，包括花時間養育小孩的女性。也有專家選擇終身的兼職工作，寧可省吃儉用，只為了有餘暇從事藝術或政治活動。

有些專家熱愛他們的工作，有些則在他們不怎麼喜歡的工作中咬牙苦撐，還有些人直到晚年才從職業中找到樂趣。從上述豐富多元當中，我們歸納出五個課題，教你如何找到有意義的工作，開創實現自我的事業。

生命功課一．用「內在獎勵」決定你的工作

在聽了一千位長者針對工作成就感提出的建言之後，最令我戰慄的，莫過於聽到年輕人形容人生的首要目標是「賺很多很多錢」。身為教授，我的學生常不約而同地說：「啊，我真的很想學哲學，但我擅長商業課程，所以我想應該繼續學商。」或是「我喜歡下廚，但那賺不了錢，所以我選擇醫學院預科。」

許多有條件成為優秀教師、社會工作者或藝術家的出色年輕人，都受到金融業高薪厚利的誘惑。完成大學學業後，便步上一條並非由他們掌控的事業軌道。一旦安置於某個領域——特別是待遇

優渥的領域，要想踏出轉換跑道的那一大步，就需要英雄般的勇氣了。而歲月，正在不斷地流逝。專家難以苟同這個腳本。從生命盡頭回顧，景色簡單明確——**任何時候，過得充實愉快的時間，都勝過金錢**。

他們了解謀生的意義，所以並不會建議我們成為飢寒交迫的藝術家。但他們非常清楚，多數因為物質報酬而選擇某項職業的人，日後回顧將不勝唏噓，「我到底在做什麼？」在他們的觀念裡，我們都需要薪水才能過活。但專家們一致同意，少領點薪水而喜歡你做的事，大大強過為了周末和一年三星期的假期（如果你有那麼多的話）而活。就算做你喜愛的事情會讓你手頭沒那麼寬裕，專家們也認為那是顯而易見的選擇。

八十三歲的威利．布拉菲德健康硬朗，就是一般認為畢生投入運動的男人該有的樣子。他的事業建議或許來自於運動世界，但適用於任何領域。

我在高中打過美式足球、籃球和棒球，並拿到體育獎學金上大學。畢業後，我在幾所學校任教，最後在一所大學擔任教練和招募主任。我在三十年期間待過五所學校，都是出於熱愛的工作，而不是為了錢。

我可以告訴年輕人一件重要的事情——投入你喜歡做的、你有天分的，和你會完全感到快樂的事情。因為我想，光為了賺錢而埋頭苦幹，不是最好的選擇。我賺的錢很少——你不會相信我當了三十年教練的收入有多麼微薄。我認為最重要的事情是投入你百分之百熱愛，而且每天都會期待去上班的職業。

七十七歲的伊瑟・布魯克夏做過好幾種有趣的工作，過去二十年則負責督導一個大型的志工計畫。這是極能實現自我的職務，因為它與個人價值觀一致。伊瑟身懷各種能使她功成名就賺大錢的絕技——如果她選擇那些職業的話。但她卻提供這個建議：

我的孫女們說：「噢，我一定要賺大錢，有錢和其他東西對我很重要。」於是我對她們說：「只要確定妳賺錢的方式會讓妳快樂就行了。因為，就算某份工作一星期能付妳一百萬美元，但如果妳做得不開心，妳絕對不會喜歡它。這是一輩子的事情。記住，這是一件妳必須每天一大早起床去做的事。」我的建議是追求使命，若是使命，則其他種種都已包含在內。然後，你的自我會照顧自己。

另一個建議和平衡金錢與時間有關。如果你願意接受較低的所得，選擇兼職工作做為生活方式，或許能讓你獲益良多。不妨想像一下你的休閒時間忽然多於工作時間的情景。有些專家做了這個決定：靠較少的金錢維生、租屋而不買屋、放棄昂貴的消費品，以便從事他們喜歡的工作，實行他們熱愛的生活方式。

六十多歲的凱文・泰瑞奧還在工作，他喜歡自己在當地慈善餐館的經理職務。在人生這個時間點，他找到了「我做過最好的工作。那是一份服務人群的工作，而我喜歡服務人群。那是一份不屬於獲利世界的工作，所以也沒有那種壓力和緊張。」凱文對工作感到滿意的關鍵，在於放棄全職就業：

多年來我一直在做兼職工作，那對我真的非常重要，我也建議大家這麼做。我不會累得半死，疲憊不堪。以前我也做過其他事情，例如教書；但做兼職工作，讓我有餘裕去做其他令我感興趣的事情。那份工作限制了我能賺的錢，但我仍有足夠的錢過我想過的生活，而能否多賺並不重要。如果人們可以試著不要擔心錢的問題，而有更多時間從事志願工作和其他諸如此類的活動——嗯，這有點像某本書的書名：做你愛做的事，財富自然會來。

心理學家賦予這種世界觀一個術語：「eudaimonia」（希臘語，有實踐智慧、幸福繁榮之意），來形容具獎勵性質的活動所帶給人們的快樂。這有別於享樂主義中的「享樂」（hedonia）。以享樂為動機的人，主要視工作為獲取物質的方式。[2] 相對來說，追求「幸福」的人深受著重個人成長、造福社群和有意義的關係等目標所驅使，他們在工作時通常會快樂得多。

在寫這本書的時候，我已盡量避免數據分析，不過，我想報告一下這個研究成果。在閱讀這門課題的數據資料時，最驚人的一點是，有一句話一千多位專家們完全沒說過。被問到他們快樂工作的處方時，未提及的這點最鏗鏘有力。我們也不需要什麼花俏別致的數據，因為結果非常明確。

一千人之中沒有一個人說——要快樂，你就該盡可能地努力工作賺錢，來買你想要的東西。

更沒有任何人說——起碼和你周遭的人同樣富裕很重要，而如果你比他們有錢，那就是真正的成功。

也沒有一個人說——你應該依據你期望的收入來選擇你的工作。

若真的有人這麼說，聽起來大概也會很荒謬。然而，這卻是現實生活中許多人的做事方針。專家們沒有提到這幾點；他們說的幾乎與之背道而馳。他們都是勸大家不要強迫自己去做不喜歡的工作，只要設法賺取生活所需就已足夠。

七十九歲的喬伊斯．卡西亞斯提出這個見解：

世界上永遠有許多比我富有或比我出色的人，所以我工作的目標若是放在這些外在報酬，我一定會失望，因為我一定會拿自己跟成就更好的人相比。但如果我工作主要是為了樂趣和成就感，那就一定會成功。找到這樣的工作並持之以恆，堪稱是世上最幸福的事。

專家們的建議非常明確：如果你希望自己能追求另一份事業，卻擔心它會使你的收入減少，那麼去做就對了，沒有時間可以浪費。沒有哪本書能精確地告訴你如何辦到，但請牢記這堂課的重點。從二十幾歲起，我們有長達四十餘年的工作歷程，一天至少八小時，每年至少四十八周。專家們說，**沒有任何財務報酬，可以彌補被無聊乏味的工作所剝奪的時間**。

我要讓七十六歲的摩根．葛蘭迪森做總結，因為他將這門學問表達得極為清楚有力。如果你還在爭論金錢是否比工作樂趣來得重要，不妨把這段話釘在你的布告欄上：

有個嚴重的問題是，人們老是在看自己一小時能賺多少錢。但我告訴他們：「如果你不快樂，就離開吧！」因為我不在乎你能賺多少錢。如果你每天一早出門時總會說：「哦，天啊，我討厭這份工作——我恨不得趕快離開！」呵，那就離開吧！

只要張開眼睛和耳朵，直到你說：「噢，這是我感興趣的事。」然後你會告訴自己：「可是這樣我一小時會少賺五美元。」於是，你會跟你重要的另一半談談：「好，我一星期會少賺兩百美元，但我會快樂許多，會變得更容易相處，而我們仍能收支平衡。」這世上多的是和自己討厭的工作綁在一起，而落得鬱鬱寡歡的人。他們不肯轉換跑道只是為了錢，並非為了人生。

生命功課二．設下「離職日期」

專家們了解，你可能無法一、二次便擊中自己喜歡的工作；許多人都經歷過錯誤的嘗試。但他們勸你切莫對不喜歡的工作習以為常，進而在這種慣性中盲目摸索。專家們告訴我們，光看薪水選工作是一條錯誤的路。他們也認為我們不該被父母或同儕逼迫進入某種行業。但如果這些事情不幸發生了，**真正的悲劇不是我們發現做了不對的工作，而是留在原地不動**。

七十八歲的卡洛琳．塔佛亞，同樣精彩地傳授了這個人生的課題。她走過幾條死胡同，才在衛教領域找到人生志業：幫助人們學習與慢性病共處。

我覺得非常、非常重要的是設定目標，爭取你真正喜歡做的工作，這麼一來，整個世界就和你得每天朝九晚五做你討厭的事情時截然不同。或許你無法一開始就取得那樣的職務，即使你所受的教育屬於那個領域，也別光是因為你需要錢，就留在不喜歡的工作當中。

設定目標，爭取你會歡喜投入的職務，你必須找到自己真正喜歡的工作情境。眼光放長遠些，因為你還要工作三十年以上。

傑羅・亨德利——我心目中的職場與事業大師，你或許還記得他在前一章所給的忠告。他是退休的紐約企業家，在許多不同的產業都有卓越成就（他同時會告訴你，也都失敗過）。但最後他攀上顛峰，將一家大公司、房地產控股公司和其他企業，增值為一個在財務及個人方面都有豐厚報酬的事業。現年八十二歲的他仍和以往工作時一樣活躍：在慈善機構的董事會任職，並輔導年輕的企業人才。

要如何從一開始就做好生涯規畫呢？傑羅的建議出人意表，但極為實用。「把你的工作生涯，分成幾個就算沒事幹也無所謂的階段。」傑羅是撲克牌玩家，喜歡賽局理論。「在這個例子裡，就是你可以冒險在目前不滿意的工作待上多久，一年、兩年，或許三年，這值得賭一把。但一旦確定它不適合你，就別再浪費時間了。」他繼續說：

這是我相信人們該做的事。無論他們想進入哪個領域，我都會在該領域花幾年時間替別人工作。站在學習者的立場，盡可能了解該領域的知識，確認那是自己喜歡的領域。如果不是，那請在一、二年內離開。你搞錯了——試試別的事情吧！

只要設好時間限制，同時有「該轉換跑道了」的自覺，你就可以享有實驗和冒險的自由。

別怕到處闖闖，試試不一樣的事情，不論你年紀多大。最重要的事情莫過於你會想了解自己是誰，以及擁有什麼樣的能力。給自己一段時間挖掘內心，了解你的需求。在這段期間，別無他法——你一定要冒險。

因為如果你不承擔風險，就無法獲得人生的甜美。而事實的真相是，人生的甜美總是伴隨風險而來。它不會跟著你手中那副有四張A的牌而來。我一輩子都在冒險，我巴不得可以告訴你我冒的險全都成功，可惜事實並非如此。但你知道嗎？我從失敗中學到的東西比成功還多。

當然，尋找適合事業的掙扎，有時會令人難以承受。「別害怕尋找適合你的事業」說來容易，但對許多人來說，確立工作生涯必須克服種種重大的挑戰。

我們無時無刻不需要靈感，而我甚感遺憾的是沒有足夠的篇幅，述說每一位經歷多年嘗試、終於得到夢想工作的專家的故事。但有一個堅持到底終獲成功的例子，一定要與你分享。覺得你的職業生涯不順遂嗎？聽聽馬汀．桑德森的故事吧！

馬汀必須勇於奮鬥，付出極大的心力，才能找到他熱愛的工作。八十九年來的掙扎和回報，都濃縮在他接受訪問時所說的第一句話：「我是第一代的塔斯克基飛行員（Tuskegee Airmen，編按：在塔斯克基進行飛行訓練，並參與二戰的非裔美國籍飛行員）。」

一九四〇年代初期，軍隊幾乎完全實施種族隔離政策，空軍更是不准黑人入伍。但要是身為年輕黑人的你，人生的夢想就是飛行、在空中為祖國效力，你該怎麼辦？

於是塔斯克基飛行員出現了，向世界證明人如何憑藉堅定的意志，去完成看似不可能的夢想。他們是美軍第一批非裔美籍的飛行員，雖然無法消除不平等待遇，他們仍英勇地達成使命，摧毀德國軍機，並獲頒許多獎章。

塔斯克基飛行員給了支持種族隔離的勢力，以及軍隊中的種族偏見迎頭痛擊。為了完成夢想，馬汀必須打敗種族主義與種族歧視所構築幾乎無法動搖的機率：

回想美國加入二次世界大戰之前，在我想從軍時，就想駕駛飛機了。我一輩子沒有搭過飛機，只是常看到它們飛越上空。我想林白（Charles Augustus Lindbergh）飛越大西洋的壯舉鼓舞了我。我是生於大蕭條時期的小孩，很難拿得到錢，但我會把每一分錢存下來，上玩具店，做模型飛機，因為我真的好想開飛機。

一九四一年年初，我想入伍擔任飛行員，為我的國家戰鬥。我接到的拒絕信寫得直截了當，毫無婉言修飾：美國軍事單位沒有任何訓練黑人飛行員的機構。這話可把我惹毛了。我把信揉成一團、扔了。而我不是唯一想這樣做的人，還有很多黑人想要飛行——全美各地都有和我類似情況的人。我只好回去當我的服務生。

當我聽說他們要設立一間學校訓練黑人飛行員時，我又申請了一次，再度被打回票。嗯，我繼續做我的服務生。然後我聽說他們放寬了一些限制，我又提出申請，這次就很幸運。我通過了。接下來也通過所有的測驗，後來我從黑人第二十七班畢業。

馬汀需要結合勇氣、動力和耐性，才能在一九四〇年代的軍隊有所成就，畢竟當時的黑人士兵相當少見，黑人軍官更是奇珍異品。

軍方嚴格實行種族隔離。我和這群黑人在一起，就沒有辦法脫離這群黑人。我們是異類。很多人一輩子沒見過黑人軍官，見過黑人飛行員的更是少之又少。二次世界大戰散發著種族隔離政策的惡臭，部隊裡並未消除差別待遇，他們不想看見黑人軍官對著白人士兵發號施令。

然而，馬汀仍完成為祖國戰鬥的夢想，讓生命在歐洲戰場面臨險境：

我參加過戰鬥，我是戰鬥的生還者。曾有一個年輕人問過我這個問題：「你不害怕嗎？」我回答：「害怕啊！當某人來到你後面朝著你開火、企圖殺死你，而你也知道他們正想要殺死你時，正常人都會害怕吧。」所以我不會撒謊，我告訴他：「我害怕啊。」我甚至目睹過槍彈朝我飛來。

在其他人可能選擇放棄的時候，馬汀不願氣餒，勇於面對空軍種族歧視的環境。他還利用這段難熬的從軍經歷，開創了一條他小時候幾乎無法想像的職涯。馬汀原本可能一輩子在旅館裡當服務生，而非消弭軍隊種族隔離的先鋒，如今年屆九十的他，是備受歡迎的演說家，也是堅忍面對逆境的活樣本。他總結道：

> 我接受人人都是獨立個體的觀念，試著不要先入為主地評判，試著以開放的心胸迎接任何情況。我不會讓身為有色人種的事實，阻礙我做任何事情，我以度過自己的人生為傲。我的精神遺產——我不知道我會留下什麼，還沒寫下來，但我真的希望能對人類有所貢獻，無論是對個人或群體。

上述例子的重點是，在專家們那一代，許多人都被迫從事過死胡同般的工作——他們就在那種經濟結構（比我們現在糟糕許多）中長大。基於那種經驗，他們相信我們永遠不該停止追求能實現自我的事業。那或許會耗上許多年，但**如果我們對現職不滿意，就永遠不該放棄——生命如此短促，我們卻已耽誤太多時間在討厭的工作上。**

生命功課三．利用爛工作、向廢物同事學習

「找你喜歡的事去做就對了。」「沒有什麼事情，比每天拖著身子去做你討厭的工作更糟了。」「如果你不喜歡你的工作，趕緊脫身吧！」以上是專家們建議的精髓，但我敢說你一定看到這幾句話的語病：在現實世界，我們不可能一直從事喜愛的工作。絕大多數人都做過至少一份，甚至是一連串討厭的工作。

我曾在麻薩諸塞州劍橋市（Cambridge）一家已經關門大吉的餐廳當洗碗工。餐廳位於一家假日飯店（Holiday Inn）內，全店裝飾成海洋風（想像牆上掛著漁網和浮筒），在沒有靈魂的旅館環境中提供不怎麼樣的餐點。我的工作是清洗永遠堆滿水槽的鍋碗瓢盆和收拾餐桌，為此女服務生們會勉強分我小費。在那段度日如年的歲月，我記得有一天真的有謝天謝地的感覺：我被牛排刀割到手——傷口必須縫合，但至少我可以提早回家！

很多人都覺得工作中的自己就算沒那麼悲慘，也不盡理想：新手工作——居住地最多職缺的工作；入門工作——在我們希望有朝一日能發展事業的領域，但也是我們覺得沉悶、不悅或失去活力的地方。我們每天都會看到那些似乎沒什麼樂趣的人，眼皮下垂的店員、暴躁的銀行櫃台人員、乏味的速食店員工。處於這種情況的人或許很想吶喊：「見鬼了，哪有『愛你的工作』這回事！」

我發現每當我遇到像這樣的難題，專家們的解答如出一轍。我們可以改一下美國歌手史蒂芬．

史提爾斯（Stephen Stills）的歌詞，總結專家的看法：「如果你沒辦法跟你愛的人在一起，寶貝啊，就愛跟你在一起的人吧。」把它大幅修改，變成這樣：「如果你找不到你愛的工作，寶貝啊，就在你現在的工作裡找些有價值的事吧。」

別忘了，專家們待在乏味、無聊、不快的工作經驗，可能比你還多。他們很少人能循著當今的路徑走：揮別高中和閒暇活動、進入大學，然後從事白領階級的工作。最成功的專家學會如何接受最平凡、最枯燥的工作，並將它轉化成學習經驗。

其中，指導這個課題的專家是現年八十一歲的山姆．溫斯頓。山姆一生做過數種高階的職務，曾受過工程師訓練，也做過行銷工作，擔任總經理。他將相當不錯的事業成就，特別歸功於他從不喜歡的工作中學習的能力，關鍵在於——**將它們視為學習經驗，並把握機會蒐集有關業界或專業的知識**。

對年輕人來說，有一件事很重要：要懂得觀察。無論你的工作是什麼，無論你喜不喜歡，重要的是，盡可能了解在你身邊發生的種種。你永遠不知道日後那些可能有多大的價值。

我這一生已經學到許多不同的經驗，即便當時我真的不喜歡正在做的事，或者覺得我做的事情無關緊要。但我從那些事情學到的課題，卻在我的人生中扮演著重要的角色。例如，我念大學時得半工半讀，做的都是你可能覺得無意義的工作。後來，它們在我成為雇主後發揮了重要的價值，幫助我了解自己的員工。我會告訴年輕人，不管是什麼樣的經驗——學就對了，一定會有好事發生的。

山姆還提出另一個非常實用的見解：**我們不該只向最好、最優秀的人學習，也要向廢物和毒瘤般的同事學習。**

人很重要。我常說的一句話是：「每個人都有可取之處。」但這句話有個重要的推論。如果沒別的話好講，你當然可以說：「那是壞榜樣。」這是你可以說的話，並不表示那個人一無是處。重點是，多數人都是好的。但我們可以這樣推論：就算你不覺得某個人好，他仍然可為你充當壞榜樣。你可以向每個人學習，無論他是誰。無論他們是何種身分地位，你都可以向他們學習。

要怎麼付諸實行呢？七十五歲的史蒂芬妮．法林頓，在大學時因財務因素被迫休學、上街找工作，最後她在銀行裡找到職務。外行人或許會覺得她的工作既單調，壓力又大，沒什麼機會或成就感。但史蒂芬妮不這麼想，反而將這份工作轉化為饒富意義、服務人群的機會：

銀行在徵人，所以我在那裡找到一份工作，做了大概兩年，後來始終沒回去念大學，那在很多方面都是遺憾。我在信用部門負責催收貸款，我把它視為一種關懷照護的工作。因為我發現付不出錢的人，有九〇%是因為發生災難。對於這些人，我以關懷為本，因為你不可能要求他們馬上繳清六期款項。你要和他們合作——幫助他們把錢付出來。你必須認識他們，而他們都是好人。當他們重新站起來時，你會希望他們再來銀行樓下辦理業務。

我的老闆常跟我說：「妳知道嗎，我百思不得其解。我去樓上開會，銀行總裁拿了一封信給我，內容是讚揚收款部門的員工。他們不該喜歡我們的！」但他們真的喜歡我們，因為我們找到幫助他們的辦法。

要拯救不盡理想的工作，專家們推薦的另一個戰略是，讓它變成你非常擅長的事。**冷漠的態度會加重無聊與倦怠感，其解藥就是全盤掌握，甚至是改善這份工作。**安朵娃奈特．華特金斯曾經擔任簿記和會計，後來進入一所大學擔任系辦主任。「我找到我喜愛的工作，我真的很喜歡自己這最後一份工作。」但她較早任職的工作則距離理想甚遠時，她是這樣應付的：

就算你的工作不是心之所向，也不是最讓你感到興奮的——還是要好好做，因為如果你表現傑出，你會感覺舒服得多。我不明白為什麼有人要白白浪費時間。所以，請盡可能學習，請盡可能加以利用。任何工作都有值得學習之處，那就是你必須做的。

這個課題不僅適用於白領工作。七十九歲的喬治．威拉巴連高中都沒有畢業，但他非常滿意其工作生涯。請他提供建議時，他要我們充分利用任何工作，最重要的理由是：你對自己的感覺會比較好。

以前我做焊接時有個同行，大家比較喜歡找我勝於找他，似乎只為了一個簡單的理由：我不在乎你焊接得有多好，但你要以你的工作為榮。

無論做什麼工作都一樣——盡力而為，以你的成就為傲。他其實可以焊接得跟我一樣好，但他從來沒有努力營造好的成果。

偶爾我會遇到能夠完美地替一堂課做總結的專家。就「你該充分利用你的工作，就算是爛工作也一樣」這個概念，凱斯．庫恩（我們在前一章已聽過他分享婚姻生活的智慧）做了精闢的結論。他曾任管理顧問，負責精進組織文化及激勵員工。基於那段經歷，凱斯提出的辦法是——不管你從事什麼工作，都要用力榨取，並且盡量學習。

萬一你在做的是你覺得很難的工作，該怎麼辦？你要如何從中獲益？注意每一個可以學習的機會。請注意，並了解正在發生什麼事。工作的目標在於不斷學習，無論我們從事什麼工作，我們都會學到日後可在生活中應用的事情。

很多人會說：「可是凱斯，這工作好無聊，我學不到東西。」他們必須去尋找值得學習的事物，一定要在你所做的工作中尋找機會，累積知識。你從這份討厭的工作學到了什麼？不要輕言放棄。請刻意要求自己努力學習，因為那個知識一定會派上用場。那將是你不可或缺的學習經驗。

生命功課四・鏡子與窗戶！焦點放在別人身上

雖然目前我在企業及政府擔任諮詢工作，但我大半生涯都在學術界度過，與科學家共事。學術界是公認菁英領導的領域之一，在科學研究方面表現突出的工作狂可以獲得驚人成就，即使是缺乏協調人際關係的能力也一樣。但事實真是這樣嗎？就我的經驗來說，並非如此。

我曾有個同事眼看就要功成名就，他活力充沛，努力勤勉。在其研究範疇擁有百科全書般的知識，在頂尖的科學期刊上發表論文，也獲得諸多著名資助單位的補助金。他一度決定要提高自己在大學裡的職位，於是去找學務長，表示有別的學校要挖角，要求校方給他升職加薪。於是，學務長徵詢系上全體教員的意見。大出我同事意料的是，教員們幾乎一致投下反對票，使得他被迫另謀高就——這完全不是他的本意。

為什麼？因為沒有人跟他處得來。他向來對同事粗魯無禮，老愛計較芝麻小事，又以優越、高傲的態度對待每個不期而遇的人。最後，人們不再那麼在乎他的技術專業與成績，反而在意起他欠缺人際能力的事實。**即便在一個以客觀成就為尊的世界，若你無法與他人相處，就算專業表現再優異也是枉然**。

本書的專家們來自各行各業，遇過各形各色的雇主。他們見過在工作上大放異彩者，也見過失敗落魄的人，這堂課就是以這些經驗做為基礎。他們的共識是——無論你多麼才華洋溢、技藝超群，必須擁有人際技巧才能成功。現今有許多年輕人太過專注於取得技術專業，而忽略了這把打開成功之門的鑰匙：諸如同理心、體恤心、傾聽技巧和爭端解決能力等特質，是職場的根本要素。

七十二歲的工程師桑尼·李，再三強調職場人際技巧的重要。一如許多成功的專家，他格外重視職場同理心的需要，包括對下屬、對同事——沒錯，還有對上司。

無論你從事何種工作，有件事情是一樣的——你會和其他人共事。你的專業技術能力很重要，但你如何與他人合作、與他人相處，也很重要。我想在某種程度上，我們多數人最後都會置身於服務人群的產業，所以我要強調下面這件事的重要性：不僅要了解你的專業領域和關注範圍，也要明白為什麼其他人不會採取你所採取的行動、不會相信你所相信的事。

我在工作時深深體會，有人與我看法不同是一大挫折。但我也總算學到，比起說服他人違背心意來相信我所相信的事，彼此和睦相處更為重要。

專家們認為工作上的同理心是可以學習的。前人力資源服務機構主管、現年六十七歲的雪莉·唐納森建議我們，要主動投入心力來理解他人的觀點：

我當然知道自己不是萬事通，但我已經學會怎麼問恰當的問題。每一個議題，你都必須了解別人的看法。我常讓我的領導團隊採取他們不同意的觀點辯論議題，因為他們往往只從一個角度看事情，凡事都必須從正反兩面來看。

八十六歲的拉瑞．泰斯，在服役期間學會了人際技巧和體恤同事的重要。許多參與過二次世界大戰或韓戰的專家們，都來自於單純的小型社區，很少四處旅行。入伍之後，他們等於突然被扔進龍蛇雜處的環境，與來自於全美各地，甚至因駐地而須與世界不同角落的人共事。拉瑞這樣描述他在二次世界大戰服役的經驗：

入伍時，我還是一個來自於佛蒙特（Vermont）的年輕男孩。那是一個鄉村小鎮，但屬於比較富裕的階層，這樣明白嗎？在鎮上，我的家族人盡皆知，備受敬重。但我進入海軍服役時，也只是菜鳥一隻。但我學會如何與別人相處，那是最重要的課題，讓我終生受用。因為當你遭到限制，生活都在船上時，你別無選擇，一定得和人們和睦相處，而這些都是你沒見過的人。

我學會接納人們，直到他們給我不該接納他們的理由為止。我不在乎你是誰，是做什麼的，是怎樣的人——我們都可以處得很好，直到你證明你不值得為止。這就是你工作時一定要做到的：善於交際，與同事和睦相處。

我們已經聽了企業與科技業的忠告，但提姆．波克來自於一個非常不一樣的工作環境。我們生存在一個職業流動性極高的年代，只要想找新工作的興致一來，人們似乎會不惜橫越國度。但提姆並非如此，他這麼總結他的事業生涯：

我現年八十七歲，是家族農場第七代中最年長的。農場由我的曾曾曾祖父建於一七九八年，至今已有兩百一十年的歷史。那是家族農場，但農場裡至少有三十五個人在做事，因為我們有乳牛必須擠奶，而一切都在農場裡進行。以我為例，你可以說我生來就是要做這行的，我從來沒想過做別的事情。

管理大型農場營運──一座不僅在財務方面重要、對個人更是意義重大的農場，提供了管理員工的實務經驗。提姆強調要理解個別員工，切莫妄自錯誤評斷，以及最重要的，一定要有同理心。

和每一個員工相處要有耐心，別急著批評指責，並且記得，不是你在過他們的生活。或許有很多想責難員工的事情，但我沒有開口。我對自己說：「提姆，你不是當事人。」我不會任意評判或斥責他們，因為我沒有穿過他們的鞋子走過一哩路或過一天。事情在外行人眼中是截然不同的。

我遇過三、四個比我更了解他們的職務，但在不同環境生長的員工。我不會試圖操控他們該做的工作，因為他們知道的比我清楚。我會找他們諮詢，為什麼會這樣、為什麼會那樣，但我會小心不去干涉，並且不濫用權力。

當我浸淫在專家們對工作的見解時，我發現在他們強調人際技巧的背後，有一項根本原則：適度保持謙遜。許多長者指出，我們必須尊重其他員工的專業知識，特別是職等較低者。他們不認為上司必須懂最多才叫領導，反而建議大家放下身段，向職場裡的每個人學習。

七十三歲的安東尼．薛爾，曾於數家大型企業以及他自己的顧問公司擔任工程師。安東尼將他的成就歸功於一個基本原則——滅自己一點威風。他在職涯當中，曾與一百五十名員工在興奮、熱情的環境中共事。安東尼的工作生涯都待在高度技術性的領域——是那種當你說起工作時，會讓人們不禁目瞪口呆的領域。然而，他發現最重要的仍是人際技巧，特別是謙遜的觀念：

> 嗯，我想我的態度是正確的：我或許擁有某些技能，但在這裡，大家普遍知道的比我多；還有，如果我要增加價值，就得充分善用這些人才，或是從他們身上蒐集資訊，或是統合他們的貢獻。也就是說，不管他們給了我什麼事情做，我都會盡力而為，和我該合作的人合作。

七十七歲的耶穌會神父吉姆．史考特，大半事業生涯都在擔任教務主任，他不解地搖搖頭說：「基於某些原因，我一直在管理什麼。」但其實原因相當明確，吉姆神父在每一個他擔任領導人的地方，都能完全適應那裡的人際環境。對他來說，關鍵在於——關注他人而非自己。這不只基於道德因素，也是因為那有用。

我成長的家庭教我們要把心力放在他人，而非自己身上，聚焦於外而非內。我將這教誨應用在我的工作上。最近有一個要轉換跑道的年輕人問我：「在我離開之前，可以請你給我一些指教嗎？」我說：「很簡單。無論你遇到誰，無論你在哪裡遇到他們，都要假設他們比你優秀得多。假設他們比你內行，這樣你就不會遇到麻煩了。」

當我環顧四周，我見到使人們受害最深的「阿基里斯腱」就是——太在意自己。看重他人固然非常重要，但別把自己看得太重要。如果你這樣看待自己，那麼你已經惹上麻煩了。

吉姆神父舉了一個很棒的例子，對我個人的工作生涯大有幫助：鏡子與窗戶。

我的工作得面對一些經歷長年孤寂的人，這對神職人員來說是非常沉重的事情。我跟他們說了一些他們覺得滿有用的話：「別再看你自己了。因為這樣你只是在凝視鏡中的自己，而你早就知道你長什麼樣子了。去窗邊看看外面吧！」

習慣管事的人可能會自視甚高。人們太常勉強自己維持高度的自尊，並與其他人比較，這會擾亂他們的判斷力。在這種情況下，你只是在照鏡子，而你得離開鏡子，看看窗外的風光。

綜合來說，專家們的建議是要你超脫工作的本質，投入同等心力學習如何充分利用與他人的關係。他們認為，即使你的表現很傑出，但如果你的職場關係是負面的、緊張的，你絕不可能一瞬開眼就跳下床，興高采烈地去上班。更何況，如果你無法理解同事的動力與熱望，你的成功之路也會遭受阻礙。適度的謙遜讓許多專家都受用無窮，尊重他人的知識，踏出自己的世界——看看窗外，別再顧影自憐。

生命功課五．在現在的工作中，找「自主」

且讓我提出一個假設性問題。想像你自己有份待遇優渥的辦公室職務，但你的一切作為都受到嚴格管控。你必須按照一絲不苟的時間表執行業務，依照精確的次序、仔細規畫的時程加以完成。你的休息時間被分秒不差地記錄，如果你改變業務內容或調動其順序，就會遭到斥責。

現在讓我們以較低的薪水承擔同樣的工作。你要完成同樣的交辦事項，但你可以自己訂定時間表。只要事情準時、妥善完成，你可以規畫你的一天，想什麼時候休息就什麼時候休息，甚至可以視家庭因素或其他人際衝突調動時間。如果你有任何可以改善工作的構想，歡迎提出建議，你也可以做出你認為必要的改變。一言以蔽之，你擁有自主權。

字典告訴我們「自主」的意思是：「能依自身的意志或獨立行事」和「自我引導的自由」。據專家們表示，那正是你希望從工作中得到的東西。如果能就前面提出的兩個例子做選擇，他們會這樣告訴你：絕對要選第二個——低薪雀屏中選。他們從人生經驗中得知，自主權和彈性是討喜工作的關鍵；愈自由，你會過得愈愜意。

請在工作中尋找最大的自主權，然後用盡必要的努力來維護它。要取得更大的自主權有許多方式，從選擇對的職業，努力爬升到肩負更大責任的職位，到自行創業等。不管你怎麼達成，誠如安東尼．薛爾所說的，你都會比「不上不下」快樂許多：

> 我是個中階主管，有許多好同事，我們都受到不公平的待遇。我的意思是，中階管理在任何公司的位階都相當高，但大多數主管都受到不公平的待遇。要爬到頂層，你才能處理公司裡面有關人的事情。我受夠了這些，很清楚就是會遇到這種事。中階管理層真的是個狗屁倒灶的地方，你要為多數工作負責，但你真的很脆弱。

七十歲的喬伊．麥克拉斯基分享了類似的經驗：

> 人生的工作比生活方式更重要，那是你從早到晚都要做的事，能帶來生命中最深刻的滿足感。活在快樂的環境固然不錯，但能夠做你喜歡的事，而且把它做好，是無可替代的，這兩者是可以兼顧的。親自參與帶給我最大的滿足感。我曾在一家公司擔任經理，發現無法接觸實際營運是令人不滿足的一件事。所以我自己開了一家小小的公司，任命自己為營運長，然後發現每天早上捲起袖子

親自下海，正是我一直在追尋的樂趣。

不只有高階主管體認到自主的重要。現年八十三歲、最高當到課長的貝絲・葛林，在被問到是否喜歡那份工作時點了點頭：

我喜歡，主要是因為沒有人告訴我要做什麼，沒有人指揮我。我總是說，如果你擔任課長，你會以為自己知道怎麼管理那個地方。至少身為課長的你可以讓事情以某種方式完成，不必在私底下抱怨：「噢，他們希望我做這件事，這主意愚蠢至極。」如果完全沒有發言權，你的感覺會糟糕透頂。這有點像是：我已想好讓事情這樣進行，現在他們又叫我不能這樣做。工作上最好有些自由。

最重視自主權的專家，都曾在缺乏自主權之下度過大半的工作生涯。葛蘭・卡維早年陷入財務困境，曾做過一些沒有未來的工作，但他在職涯終了前，找到一個既獨立自主又能實現自我的職務。現年八十歲、已經退休的葛蘭，從孩童時期就開啟一輩子的辛苦工作。

隨著年歲漸長，我認為自己會工作一輩子，因為那就是我們在做的事——全家人都在工作。那是大蕭條時代，大家都沒有什麼錢。然後在我第一次結婚時，我身兼兩、三份工作。我先上完朝八晚五的班後，開車到某個加油站，從六點做到十一點。

太太會為我準備兩個餐盒，我會在第一個工作吃掉一份三明治，然後在前往第二個工作的路上吃完另一份。到了周末，我也會去送電話簿之類的。我們一文不名。結婚時，我的銀行戶頭裡只有六十元，拿去付了家具的頭期款。而在我們清償時，家具已經壞光光了。

葛蘭後來在零售輪胎業找到工作，為一家大公司效力近二十年，但那份工作欠缺的就是自主權。最後，葛蘭獲得一個無論如何都由他做主的職務。自由，成為他工作生涯的基石。

我最好的工作是前一份工作；我擁有自己的輪胎店，終於自己當家作主。我曾為那家輪胎公司效力，從換輪胎開始，一路升到店經理，但那不是我自己的地方，你總是得做別人叫你做的事。我終於自行開店，而我愛死它了。我可以做我想做的事，那很好玩。也有部分的原因是，當我收到一些錢時，那些錢全歸我所有，你知道嗎？那不屬於某家公司，那是我的錢。同樣地，如果某天諸事不順，那也是我的一天，一切由我負責，這是為別人賣命時不會有的體驗。

專家們在討論職業生涯時，總是不脫兩個主題：**使命（超越賺取薪資）與自主權**。這兩者不是在每一次、每一份工作上都能找到，但沒有它們，工作就可能成為悲慘的負累。

練習．每天上班前，你的心情是？

專家們工作生涯的歷史真是悠久。我們最年長的受訪者現年一百一十歲了，她的一句話吸引了我的注意，「我的第一份工作？我記得可清楚了，因為我工作的第一天就是第一次世界大戰結束的那天。」很多人都先在農場和工廠做苦力，然後上大學，最後進入高科技產業，以超乎想像的工作完成事業生涯。但是針對如何找到理想工作與充分利用職涯的課題，他們有著驚人的共識。本章備忘錄如下：

一、**選擇有內在獎勵，而非財務報酬的事業**。人們在就業上所犯的最大錯誤，就是僅考量潛在的收入來選擇職業。使命感與對工作的熱情，絕對勝過較豐厚的薪水。

二、**別放棄尋找能讓你快樂的工作**。「堅持」是找到所愛工作的關鍵，不要輕言放棄。

三、**充分利用爛工作**。如果你發現自己所處的工作條件不盡理想，不要浪費這次經驗。很多專家都是從不好的工作中，學到彌足珍貴的課題。

四、**情緒智商勝於一切**。如果你想在職場獲得成功，請培養人際技巧。就算是高科技產業的菁英，如果情緒控管不佳，事業生涯也會被破壞殆盡。

五、**人人都需要自主權**。職業滿意度，往往和你在工作上擁有多少自主權息息相關。請尋找能做決定和追隨心之所向的自由，而不要受到高層太多的掌控。

因為我的工作生涯曾於醫學院度過，我發現自己偶爾會有醫生的思維。我的醫生同事皆以優質診斷為傲──找出清楚顯示問題所在的徵象或症狀。在我看來，專家們表述的若干意見就如同診斷結果。在婚姻一章，我們已經看過：「不要帶著怒氣上床」這句箴言，就隱含了一個診斷。

在評斷你的事業生涯方面，專家們又不約而同地做出這種診斷。你該問自己：「一早起床，我期待上班嗎？」你或許會對你的工作感到矛盾，有喜歡也有厭惡之處，因此不知道這個事業是不是適合你。但總歸一句，你在起床或喝第一杯咖啡時，心中有何感想？是熱情洋溢？還是至少忍得下去，並期待這一天的某些層面？或者你倍感憂鬱，為眼前的這一天擔心受怕？

帶著憂懼感醒來的情況最令專家們感到驚駭，他們很多人都經歷過這一段。七十九歲的莎莉・威爾森當了三十年的一年級教師，非常熱愛這份工作。她有何建議呢？

> 我認為你必須密切注意自己感興趣的事情。我有很多朋友都上過大學，主修他們認為能賺大錢、卻完全沒有興趣的科目。再多的錢，也比不上擁有一份能讓你每天早上高高興興起床、開開心心出門的工作。

現年七十六歲、成功的執行長東尼・福斯特也呼應了這個觀點：

> 我學到許多課題，但長久而言只有少數具有意義，我也試著傳遞給我的子孫。如果你早上起床

時不想上班，那麼這份工作就不適合你。

我們的農夫哲人亞伯特．佛森用他慣有的創意闡釋這個論點：

如果你想看到日出，你得在黑暗中起床。如果你想得到好的工作，你得準時抵達那裡，高高興興地迎接這一天，享受你正在做的事。因為如果你不喜歡你所做的事，那將會是漫長的一天。你最好換個工作吧！因為沒有比一早醒來得去做你不喜歡的工作更嚴厲的懲罰了。

你知道那種夢魘吧——你想大聲發出警告，卻發不出任何聲音？專家們就是這般亟欲告誡年輕人，**在你不喜歡的工作上蹉跎光陰，只會釀成後悔與悲慘的錯誤**。沒有讓專家們更固執、更強調的議題了。他們一再這樣開宗明義：「如果我只能讓你的讀者明白一件事，那就是……」既然有這麼豐富的經驗可以參考，若每年還把兩千個小時浪費在失去就沒有的生命上，那就太愚蠢了。

所以，請採納專家們的忠告，回顧過去這幾個月，你醒來時會不想上班嗎？還是你想要跳下床、衝出門，等不及坐進辦公桌。對許多人來說，工作沒有那種充滿磁性的興奮感（不過對有些專家確實如此）。但如果害怕、憂鬱，或拖拖拉拉、不情不願，是你出門上班的心情，那麼請聽從長者的建議，檢視一下你的內心以及周遭的一切。你很可能該做一些改變了。

Chapter 4 教養無悔

抗拒「完美」教養誘惑，和孩子走一段最幸福的時光

李歐．魏斯曼，七十歲

孩子是最棒的均衡器，他們能使強者謙遜。如果你以為自己無所不知，試著去跟兩歲幼童、青少年，或介於兩者之間的孩子鬥智看看。他們可以同時身兼天使與魔鬼。他們既坦率真誠，又謊話連篇。他們可以這一分鐘可愛貼心——特別是青少年，下一分鐘又令人恨得牙癢癢。

教養是多數人完全沒受過訓練、也沒做好準備的專業。雖然，孩子們的體內有我們的基因，有時行徑卻跟外星人一樣。他們大量需索情感，也會給予大量的情感回饋。就是這些矛盾，讓教養如此有趣。孩子讓我們成長，挑戰我們、改變我們。我的三個孩子就像剪刀、石頭、布一般各不相同，且無法預期。我無法想像沒有他們的生活。我會建議你生個「小動物」，好好享受。畢竟，他們可望成為你孫子的父母！

***　***　***

教養構築了多數人生活的重心，且通常會持續二十年以上，直到孩子獨立、離家生活為止。但父母的角色並未就此終止，多數人將花更多的時間跟成年後的孩子相處，直到子女步入中年（誠如一位受訪者所說：「六十七？我的寶貝六十七歲了？」）。為期數十年的研究和普遍的經驗顯示，這句諺語說得真對：「要是孩子不快樂，你怎麼也開心不起來。」

幾乎沒有其他經驗能比教養更令人振奮和喜悅，以及更具挑戰性和令人喪氣。但在嘗試成為最好的父母時，這一代的人往往不知道要上哪裡找實用的建議。多數家長覺得自己是在未經充分指導的情況下，被要求做決定。

我們活在一個「科學育兒」的年代，大家都想找到以實證研究為本的專業建議。但事實真是如此嗎？就我對周遭家庭的觀察，答案是否定的。過去五十年來，就教養這個主題進行的研究不下數千，但很少研究成果真的影響了現代父母的做法。家長聽到的教養建議多半相互矛盾，而且隨著時間劇烈改變。怪不得每當為人父母者一碰到教養的困境和難題，就會覺得困惑不已。

但長輩有什麼樣的經驗和智慧呢？我想，多數人很少向長輩徵詢教養上的建議。我們對於自己的父母感覺「五味雜陳」，因此很難找他們諮詢；而年輕一輩的人則大都沒有長一輩的朋友，可以向其討教養育子女的訣竅。但在我向美國耆老求教成功人生課題的所有領域中，如何在複雜、艱難的世界裡把孩子拉拔長大，他們的指導也非常實用。

相信你也想像得到，接受訪問的長者在成功教養方面可說是足智多謀。有些人遵循親職微管理（micromanaging）的原則：教導他們餐桌禮儀，鼓勵他們學微積分，要他們每天進行戶外活動，叫他們刷牙、用牙線，還有許多諸如此類的建議。另一方面，多數長者也為家長提供全面性的指導方針。這些幾乎普世一致的忠告，包括愛你的孩子、提防溺愛放縱（特別是在消費時尚方面），以及堅定地傳達你的道德價值觀。

這些都是好建議，我猜，像我們這個年紀的父母大都同意這樣的見解，也盡一切努力實踐（就算有時難以在忙亂的家庭生活中落實）。但我訪問專家們，分析其回應的用意，是想找出不一樣的東西。我溫和但固執地促使他們超越陳腔濫調，進入更深入的課題。我會問，你知道什麼年輕一輩的父母所不知道的嗎？若請你回顧一生教養的經歷，可以獲得哪些至關重要的見解？

教養資訊庫也歸納出五堂基礎課程。這些課程不保證能使你成為優秀的父母，但從專家們在人生盡頭獨一無二的有利位置——可說是從山頂俯瞰走過的漫漫長路，他們可以幫助你避開許多危險的陷阱。在這一章，我們將著眼於教養兒童和青少年的課題，以及一些與成年子女有關的概念。

生命功課一・「共享時間」是關鍵

在一團混亂的教養建議中，有沒有「仙丹妙藥」呢？有沒有哪種行動方針，既能營造慈愛的親子關係，又能充當問題警示系統，讓你和孩子一輩子緊緊相繫呢？專家們說：「有，多陪陪孩子。」如有必要，犧牲其他事物也無妨。在這個忙碌緊迫的社會，父母總是無止境地尋找課程、竅門，甚至是療法，來增進與子女間的關係。但長者告訴我們，**要一輩子關係親密，有一個重大因素無可替代——你的時間**。

在專家們眼中，孩子最想要的不是你的錢（或你用錢買的東西），而是你。說得更具體一些，他們想要你跟他們在一起。要兼兩份差事才能維持家庭生計的父母或許別無選擇，但如果你和配偶每周工作七十小時，是為了買消費品和度過奢侈假期，那你就誤用了你的時間。就算那代表物資較不寬裕，長輩們還是會告訴你，當到了他們這個年紀會後悔的一件事，就是當初沒有多陪孩子，而那也是孩子們的遺憾。

這麼多年來，我聽過無數青少年的父母抱怨，他們的子女不想花時間跟他們在一起。就這些案例，我發現許多真實情況並非如此。事實上，孩子並不反對多陪陪父母，只是父母老是想要規定大家一起從事活動。一個可供選擇的策略是：孩子想做什麼就做什麼，不管你喜不喜歡。

我很早就決定以此為策略，但這仍是挑戰。我生長在一個有四個男孩的家庭，最後卻成了漢娜和莎拉的驕傲父親。坦白說，那兩個丫頭為什麼會想做那些我們在一起做的事，對我來說仍是一個謎。但我很早就立誓遵循這個原則——如果她們願意花時間跟我一起從事某個活動，我都要培養對於那個活動的興趣，無論它是什麼。

我曾和女性朋友打趣地說，自己對於女鞋的了解，遠勝於中年男子該具備的知識。多年來，我常帶女兒到紐約市。其他父母或許會強迫大家參觀博物館，我卻去了數十家鞋店，還有高檔服飾店。我還會找地方坐下來聽我女兒大呼小叫，聊著六吋厚底鞋或怪異的復古珠寶。

我發現回饋非常豐厚。重點不在於活動，而是**共享的時間**。在那些空閒時刻，無論從事什麼活動，我們都有時間談天說地、分享祕密、聯繫情感。在那些活動當中，有時會出現溝通的奇蹟。

我記得美國前財政部長羅伯特・萊奇（Robert Reich）寫過一篇關於兒子的文章，[1]他用了蛤蚌的比喻來強調，要真正了解我們的孩子，就必須在恰當的時機出現在他們身邊。孩子有時會像蚌殼一樣緊緊關閉，雖然外面堅硬，裡面卻柔軟而脆弱。但突然而意外地，他們會決定打開來，這時如果你不去關心，他說：「那你乾脆搬去月球算了。」

這就是為什麼陪伴如此重要。事先安排「珍貴時光」（隨便叫它什麼），並不能確保你能在馬修決定告訴你，真正讓他心情不好的原因是英文老師討厭他；或是艾莉森想要透露她的西班牙文課堂上有個男孩如何如何時，你剛好在場聆聽。當年沒有多陪陪孩子的專家們無不深表遺憾，而巧妙運用時間的專家們則視之為「這輩子最正確的決定」。

七十九歲的克雷頓．葛林諾和兒女的關係十分密切，兩個孩子成年後都住在附近。針對教養子女的課題，他仔細思考了迎合子女興趣，並使之成為共同活動的重要性。

或許這是老生常談，但我覺得投其所好相當重要。在我兒子讀高二的時候，我開始在後院蓋小木屋，那時他正在學校修一門木工課程。我請他幫忙，而某天我下班回來，他已經坐在那裡，一旁擱著工具箱，等著要幹活。這也帶領他走向一條新的道路——確實明白了測量等作業的必要性，開始體認算術與數學的價值。最後，他成為機械設計師。

如果當時我讓他遍尋不著，我不確定他會選擇什麼樣的路。今天他在做的很多事情，都是從我們共度的那段時光開始的——因為有人在那裡，並且對他感興趣的事情感興趣。

我和專家們就教養子女的問題談得愈深入，這個事實就愈明顯——親子關係的品質與相處時間成正比。有趣的是，他們所說的時間通常是一起從事日常世俗活動的時間，而非難忘的「特殊場合」。他們建議要時常陪孩子參與活動，而那需要你本人長時間在場。

八十四歲的拉瑞．韓德利描述這種經驗對他的孩子有多重要：

> 當他們年紀大到可以幫你的忙，就讓他們幫忙做些事情或打掃之類的工作，比如挖花園的土，分擔家務或院子裡的雜事。幫幫媽媽或爸爸的忙，做些不見得那麼容易或愉快，但一定得完成的事情。你可能不會明白，但這些事情會跟著他們一輩子。他們可以樂在其中，你也可以。

花時間陪孩子之所以至關重要，還有一個原因：它可以做為問題萌生時的「早期警示系統」。貝絲．葛林育有一子一女，她能夠替他們排解人生的疑難雜症，因為她一直與他們同在：

> 這點很重要：在孩子的成長階段陪伴與支持他們，否則你會無從得知他們要往哪裡去，他們喜歡什麼或不喜歡什麼，以及他們想投入時間做什麼與打算怎麼做。因此，我們不僅要去看他們的比賽或音樂會，也要認識球隊或樂團裡的其他孩子，否則他們會離你遠去——而天曉得他們會和哪些人在一起？
>
> 我跟你說，如果你的孩子有音樂會或什麼比賽，你一定要排除萬難出席——如果房子要整修，

衣服要洗，這些都先擱著，投入時間參加他們感興趣的事情更重要。否則你會失去他們，終會變成陌生人。

事實上，他們是會變成陌生人的。陪伴孩子非常重要的證據，也來自於那些當初沒有這麼做而深感後悔的專家們。八十三歲的莎拉．羅斯曼就很遺憾，她那工作狂的丈夫花了太多時間在工作，她自己也因為工作犧牲了家庭。

趁孩子還小時，享受擁有他們的時光吧，別那麼急著重回職場。因為我了解這點，我在家裡待了五年。但現在回想，我應該更享受那段時光，應該休息更久一些，別那麼急於回去工作。歸根結柢，家庭才是最重要的。但這門課並不容易，有時要到參加朋友或同事的葬禮了才會恍然大悟——他們這一生有多快樂，大大取決於跟孩子相處的時間。

對八十三歲的詹姆士．華盛頓來說，後悔是跟著一齣悲劇而來：

我們確實有一段悲傷的經驗。我們最小的兒子在幾年前過世，他非常年輕。我想，這就證明了人生無常，你不知道它其實有多短暫，不是嗎？這讓我們恍然大悟家庭有多重要，你恨不得自己當初多花點時間陪他們，因為珍貴時光是如此寶貴，而你從來沒有付出該付出的時間。

七十九歲的伊莉莎白．威爾森沉痛地透露她的懊悔，她並未趁孩子還小時，為他們多付出一些時間和心力：

> 最困難的事情是我們沒有很多錢，我得回學校念書，然後找工作。就某種層面來說這是好事，但令人難過的是，當你一心埋首於工作，家庭就變得次要了。我還記得當年開車載孩子回家時，心裡滿是牽掛，不斷回想那一天發生的事，還有隔天應該做些什麼，以至於聽不到那些小小的聲音，聽不到他們正在和彼此、和我分享什麼。後來，我常常後悔當初明明可以多給他們一些關注，我卻吝於付出。

專家們對這堂課提出三大關鍵要點：第一，孩子要的是你的時間，而以後他們會珍愛地懷念你與他們共度的時光。專家們都記得和家人相處的點點滴滴，那確實是童年愉快回憶的泉源。第二，最重要的是共同參與的活動——花在嗜好、運動、露營、打獵或捕魚（最特別的是，許多男性專家都很珍惜與父親一同捕魚或打獵的回憶），或一起尋找新樂趣的時間。第三，專家們一致同意，我們應該犧牲一些事物來爭取那樣的時間。他們說，如果你打算生孩子，絕對值得少賺點錢來換取與孩子作伴的機會。

生命功課二·偏心很正常，但務必「深埋」

在蒐集一千多人的資訊之後，你會開始發現若干規律。當然，每一次訪問都是獨一無二的——就像雪花，沒有哪兩個家庭會一模一樣。不過，在訪問專家們的親子關係時，有某件事情一再發生，頻繁到我認為應該有超過半數。

事情是這樣的，在我提出有關親子關係的問題時，我難免會提到偏心的問題。一開始我問得滿緊張的，因為多數父母並不樂於探討他們是否喜歡某個孩子勝過於其他，所以幾乎每個人的第一句話都差不多像這樣：「噢，沒有，我愛我的每一個孩子，每個都一樣愛。」

然後，我們會談得更深入一些。當談到某個節骨眼時，受訪者常會傾身向前、降低音量，像是有什麼陰謀般地說：「可是，你知道，我一直覺得比利（或貝蒂）有什麼過人之處……。」

我實在不想做那個對你揭露真相的人，但是父母通常有偏愛的小孩。真的有，如果你跟他們聊得夠久，他們就會吐露實情。有時話說得簡單明瞭，他們就是喜歡某個孩子勝過於其他，就是這樣。比較常見的是，父母會在不同的生活領域有不同的偏愛。一個母親可能會告訴你，她比較喜歡請艾德給她建議，生病時會向裘恩求助，但情感上與瑞秋最親密。

三十五歲以上的讀者，應該都記得史莫瑟兄弟（Smothers Brothers，美國歌手）眾所皆知的一句話，湯米（Tommy）向迪克（Dick）抱怨：「媽最愛的永遠是你！」（Mom always liked you best!）嗯，在許多家庭，這都是某種程度的事實。

然而，當孩子直接問父母這個問題時，大多數的父母會嚴詞否認。我整個職涯都在研究家庭，鮮少碰到哪個母親會在孩子問「妳比較喜歡貝蒂（或比利），比較不喜歡我對不對」時回答：「嗯，既然你這麼問了，我想事實的確如此。」就「公平對待每一個孩子」這點，我們的社會有強大的規範，違反這個規範就是破壞父母與孩子雙方的公正感。

在現實世界，我們都知道凡事皆難講求公平。孩子不僅是父母的骨肉，雙方也發展出人際關係。一旦涉及人際關係，就難免會喜歡某些人勝過於另一些人。我們會對某些人產生共鳴，覺得與他們性情相投，其他人則無法激盪出同樣的親切感。家庭也不例外。文化規範或許告誡父母要公平分配他們的愛，但實際上他們很有可能，沒錯，就是喜歡某個孩子勝過於其兄弟姊妹。

在學術研究期間，我曾和普度大學（Purdue University）教授吉兒．蘇特（Jill Suitor）就父母偏心的主題合作多年，研究包括針對母親和其成年子女進行一項大規模的調查。我們發現，多數的母親都願意表明她們最喜歡（或最不喜歡）的孩子。例如，有大約七〇％的母親指出了與她們情感最親密的孩子；有超過七五％的母親指出她們覺得最能和哪一個孩子暢所欲言、討論私人問題。另一方面，約有五分之四的母親說出她們最常和哪一個孩子意見不合、發生爭執。這一類心理學家所稱的「家庭內差異」（within-family differentiation），實為常態，而非特例。

蘇菲．費雪堪稱是教養的資料庫。她有五個非常成功的子女，都是她和商人丈夫（已過世）在郊區拉拔長大的。蘇菲和她的孩子都描述了快樂無憂的生活，孩子在校課業優良，會不失良善地調皮搗蛋，參加童軍和體育，並在海邊悠閒度過炎炎夏日。她的三個兒子和兩個女兒都有極高的成就，兩位律師、一位成功的公司老闆、一位會計師和一位老師。在這個年代令人驚訝的是，五個孩子都結婚了。蘇菲共有十一個孫子。

不知怎麼地，蘇菲會帶給你如沐春風的感覺。八十五歲的她活潑硬朗，看來就像諾曼・洛克威爾（Norman Rockwell，美國畫家）畫中典型的祖母。她有一雙靈活的藍眼睛、純白的頭髮，以及我所見過最不同凡響的積極態度。

這種強健、外向的個性，也反映在她描述親子關係的方式上。「我沒辦法確切解釋我的家庭生活為什麼會這麼快樂，」她說：「我一直熱愛當個母親，就算在最困難的時候也一樣。喜歡每一件事——在家等他們放學，傾聽他們的問題，經歷他們的新男友或新女友和分手，林林總總。還有現在，滿心歡喜地看著我們家開枝散葉。我答應每個孫子，在他們上高中時赴歐洲旅行，目前已經有四個實現了。」蘇菲說，她現在每天都為家庭活動和探訪忙得團團轉，每個孩子和孫子的結婚紀念、生日派對、結婚和畢業典禮，她幾乎都會出席。

但當我們聊到對孩子差別待遇的話題時，蘇菲只猶豫了一會兒，「你不會告訴孩子們，對吧？」我保證不會，她立刻發表評論：「艾莉絲，就是她了。我向來跟她處得最好。我們有同樣的興趣，說起話來很輕鬆，而且彼此信賴。噢，我愛他們每一個人，他們每一個都很棒。但艾莉絲有點不一樣，她是我相處起來最自在的一個。如果我必須與誰同住，我會選艾莉絲。」

我大膽提問：她認為孩子們知道她的想法嗎？「噢，當然不知道！你的每一個孩子都會變得不一樣，而你對每一個人都會有不同的感覺。你應該做的——這是我人生的課題之一——就是千萬別表現出來。」

這就是成功的父母在數十年家庭生活期間勉力做到的，他們接受這個嚴酷現實——他們喜歡某些孩子勝過於其他。他們賦予「愛」這個動詞抽象的定義，就此而言，每個孩子都一樣。我從專家們身上獲悉，「我公平地愛我所有的孩子」這句概括性的陳述，毫不違背「但我比較喜歡其中某一個」的事實。有這種矛盾心理的專家們承認自己偏心，但不會執著於此，也絕對不會表現出來。

在吉兒檢視我們親子研究的資料，並用複雜的社會科學方法加以分析時，我完全了解這個現象有多真確。絕大多數老一輩的父母都有其偏好，但同樣能順利地瞞住孩子。一如我們稍早所看到的，多數母親都會選出一個與她情感最親密的孩子——基本上就是她最喜歡的孩子。在為數可觀的過半家庭中，這些孩子並不知道母親偏心。

在許多案例中，孩子們會回答他們的母親沒有偏心（就算她有）。如果有孩子認為母親的確偏心，我們會繼續問，誰是那個特別的孩子。很多孩子——驚奇、大驚奇地認定自己就是最受寵的那個。而有超過半數的情況是，他們錯了。所以我們知道，父母的確會偏心，但會很有技巧地不讓子女察知自己的感覺。

這是非常好的事情。針對父母偏心的主題，學者們已進行數十年的研究，其中許多著眼於這種行為對兒童和青少年的影響。關於明顯偏心的消息很不妙：當孩子感覺父母不公平地對待各個孩子時，孩子比較可能出現行為問題，心理健康較差，並且較早涉入青少年犯罪。另外，認為父母偏心的小孩也較容易和兄弟姊妹起衝突，較無法與他們發展愉快而支持的關係。我們的研究顯示，這些問題會延續到成年子女的身上。

在訪問長者們時，沒有哪個主題比體認父母偏心的經驗，更能引發毫不掩飾的情緒和永難忘懷的傷痛。有些專家——距離童年已六十、七十，甚至是八十年了，但一想起父母對某位手足明顯而有害的偏袒時，仍激動得說不出話來。沒有更好的論點了——請盡可能努力地公平、公正對待你的孩子吧！

八十九歲的羅蘭．鮑爾出生在南部鄉下，一個貧窮而與世隔絕的農場。她打趣道：「那裡沼澤遍布，我們得抓著葡萄藤盪來盪去。他們會數我腿上的『年輪』來算我幾歲。我的意思是——那裡與外界沒什麼接觸。」她的童年回憶充斥著關於父母偏心的片段，而那影響了她的一生：

> 我有幾個弟弟都是爸媽手心裡的寶，我認為那大大地影響了我的一生。我不是說他們不愛我——只是兒子比較重要，女孩只是生來嫁人、以便生出更多兒子用的。我抱持這樣的想法長大：「小子，我會證明我比你們強。」真該死。我這一生小有成就，受過不錯的教育，諸如此類。但當我獲得成就時，我不禁懷疑自己幹嘛這樣煞費苦心。說來有點悲哀，不是嗎？

羅蘭的祖父母出面協助她處理在家中所受到的次等待遇：

幸好我有祖母，她真的是我生命的導師，我知道她愛我，而且是毫無保留的。我的祖父也非常慈祥，他教我接受自己的樣子。他常拉著馬車來接我，載我去兜風。我們就坐在上頭看風景，吃草莓。他還會拉著我的馬尾說：「妳沒問題的，寶貝，妳很像我媽。」然後說：「妳會變成一把手槍。」

在我爸媽的心目中，男孩比較重要。而我年紀最長，人長得瘦巴巴的，又有一頭紅髮。他們都是金髮碧眼。為人父母者必須愛每一個小孩，接受每一個小孩——我是不一樣的小孩，我不認為他們了解這點；不管小孩是何模樣，都要接納，而這有時十分困難。

乍看之下，父母對某個子女的偏愛或許不是什麼大問題，就算它已造成兄弟姊妹之間的對立。但它其實有一個毀滅性的效應——它會致使手足之間漸行漸遠。偏心會釀成疏遠，往後的人生將不再與兄弟姊妹分享時間、經歷和回憶。已經七十八歲的瑪莉安．雷特里夫每每憶及母親對子女的差別待遇，仍會悲從中來。

我學到什麼關於教養子女的事情？我的天啊，這好難說出口。我學到，媽媽不見得喜歡她們的孩子。並非她們想要如此，而是事情就是會那樣，而我剛好就是不得媽媽喜愛的小孩。我學到，我不希望我的孩子在同樣的情況下成長——那或許是最重要的課題。我學到，你不應該對不喜歡你的人以及她的批評深信不疑。我媽媽的偏心也影響了我和兄弟姊妹的關係。我學到，手足也是會相殘的。我記取了教訓，因此已經將他們逐出了我的生命。

父母的偏袒和不公平待遇也在其他面向影響了一些專家，使他們日後難以建立社交及工作關係。七十八歲的朗恩・高梅茲一輩子都在跟父母偏心的後續效應奮戰：

我是一個大家庭的長孫，我們和祖父母同住，姑姑們都住在附近。當然我是每個人的心頭肉，而當我的弟弟出生後，他們對他根本毫不關心。我爸爸在年老後告訴我：「彼得從一出生就乏人關心，所以我必須偏袒他。」

從小我就知道事情不對勁，我不知道為什麼老是會跟弟弟打架，跟爸爸之間也有嚴重的問題。後來，我明白都是偏心惹的禍。爸媽對孩子不能有親疏之分，而我大概在兩、三歲時就模糊地感受到那個情況。我開始胡鬧，爸爸非常生氣，因為我難以管教。這造就了一個悲慘的童年。我跟弟弟經常大打出手——我曾被他打斷一顆門牙。我媽媽對此幾乎視而不見。我看了三年的精神科醫師，才走出這個陰影，也是在那時候我才了解，原來原生家庭的歷史是會影響工作生涯的。

針對這個主題，專家們能給我們這麼明確的指引，對我們當然大有助益。在此，他們還提供了所有年紀的父母，都應該認真看待的兩個重要而複雜的人生課題。

第一個課題是，**少許程度的偏心很正常，你幾乎無從避免**，就算試著避免，八成也徒勞無功。

孩子是人，是有獨特個性的人。我們喜歡跟自己相似的，因此，你很可能會覺得跟個性、休閒嗜好和價值觀最像你的孩子比較親近。我們在外面覺得誰很有吸引力、誰比較不得人緣的種種原因，同樣適用於家人。專家們要教我們的是，不要擔心這點——覺得比較親近某個孩子很正常、很自然，沒有什麼好內疚的。

第二個課題則是，**坦然接受你對孩子所有的誠實感覺——然後深埋起來**。你可以有你的偏愛，你或許可以把主臥室的房門關起來和伴侶聊聊，但不要讓你的孩子知道。還有，避免拿孩子做任何有高下之分的比較。許多九十歲的長者永遠忘不了他們父母所說的，諸如「他讓我引以為傲，但他令我快樂」，或是「她最漂亮，而她比較聰明」之類的話。身為父母，你可以在心裡面想，但別說出來；據長者們的描述，最傷人的家庭經驗之一，就是不得寵的感覺。專家們告訴我們，就偏心這件事，誠實不是上上之策。

生命功課三・無用的教養——體罰

我可以聽到有些讀者在問：「這個課題過時了吧？」那段即使孩子被摑耳光也不會有人質疑的日子，不是早就過去了嗎？沒有，其實沒有。儘管改變了教養的態度，體罰在許多家庭裡仍是常

別曲解我的話：專家們認為你的態度要堅定，要維持明確的道德範圍，以及設定界線。但他們幾乎一致相信，體罰孩子是會破壞親子關係的下下策，會在童年過後留下永難癒合的情感疤痕。

九十歲的蘿絲瑪莉・布魯斯特非常明理，她育有三女一子。她的教養過程不是一直那麼輕鬆：「孩子們從沒給我惹出什麼問題，唯獨那個男孩例外。」儘管兒子任性，但她很快便放棄了體罰。以下是我們聊這件事情的對話，簡潔得不能再簡潔了。

我問：「妳相信打孩子有用嗎？」

「不見得，」她回答：「那沒多大用處。」

「為什麼？」

「那只會傷害你，你會覺得那麼做很糟糕。既然沒有任何用處，幹嘛做呢？」

這正是專家建議的精華：**如果那樣做會讓你覺得很糟糕，又沒有任何用處，幹嘛做呢**？

原來，長者們累積的智慧，與當今科學研究的成果並無二致。孩童發展方面的卓越研究人員幾乎異口同聲地表示，體罰對孩子的人生會造成負面影響，遭到體罰的幼童會表現出較強的侵略性和反社會行為。而孩子遭掌摑或毆打的頻率和嚴重程度愈高，對其心理健康的負面效應以及出現問題行為的可能性就愈大。研究顯示，體罰也和青少年及成年後較差的親子關係有關。最令人不安的是，經常遭受體罰的孩子，較可能在成年後對自己的伴侶和（或）孩子施暴。

所以，在這方面，讓我們聽聽專家們的話吧！關於體罰，最根本的訊息是，幹嘛做呢？當你七、八十歲時回頭來看，打小孩將是你不會引以為傲、甚至是悔不當初的事情。許多長者（超過三分之一以上）並未滿懷挫折地依靠掌摑和毆打，同樣能把孩子教養得很好。因此，下一次當那股衝動燃起，好想用一頓毒打來解決教養問題時，專家們勸你三思、四思，或者再思考久一點，久到你不會動手為止。

生命功課四．不計代價，避免裂痕

讓我們停下來一會，想想你的孩子，你在他們身上投入了多少時間、心力和費用。假設你有個兒子好了，想一想，倘若你無須幫他換尿布，或做額外的工作讓他上鋼琴課，或奉獻周末去足球場幫他加油，你會怎麼運用你的時間呢？

更重要的是，花一分鐘想想你對他的強烈情感，你傍晚回到他的身邊時有多開心；還有久別重逢後，聽到「媽咪回來了」或「爹地回來了」時，那一古腦湧現的喜悅。想想你和他一起進行的日常活動，他的成就帶給你的快樂，以及當一天落幕你靜靜抱著他時所感受到的欣慰。

現在，將時間快轉三十五年。你的兒子已長大成人，你也來到專家們的年紀。想像這個你投入了那麼多愛與希望的孩子，不再是你生命的一部分。不是他英年早逝，而是你和他不再有任何關係。他可能住在附近，或許在同一個城市，但你們已經斷絕往來。對比例不高、但舉足輕重的專家們來說，這是事實。他們和孩子疏遠，感情嚴重失和，使得彼此的決裂看來無可挽回。

我所見過最悲傷的人，就是活在這種情況的人。無論事情過了多久，無論情況有多特殊，親子關係的毀滅永遠都是憂傷的肇因，也是銷蝕靈魂帶來不完整感的根源。就算你和其他子女相處融洽而充實，也不見得能緩和一段關係失敗的創傷。

幾乎所有「弄丟」一個孩子或和他有「嫌隙」的專家，都覺得日子過得不實在、不完整。而當他們走到人生的盡頭，這種感覺只會更加強烈而已。為了這本書和其他研究，我詳盡研究了數千份與孩童教養有關的訪談。父親、母親和孩子都一樣，從許多親子永遠視同陌路的紀錄當中，可以歸納出一個明確的建言——盡一切所能地避免裂痕。

「裂痕」一詞運用於社會學的世界時，意指人際關係發生破裂，導致人與人的疏離。但它在地理學上的定義，其實更加有力地凸顯專家所描述的效應：「因受力、爆炸或緊繃而產生的斷裂，或分裂成兩個以上碎片的情況。」想像一下岩石的裂縫；那是如此鮮明且無法修補。一些專家就是這樣描述他們與那個失和孩子的關係。

裂痕，以及它的連鎖效應，正是最令專家們痛苦的「假使……會怎麼樣？」和「要是……有多好」的源頭。在一些家庭，裂痕起因於父母與孩子在生活方式上的選擇。比如說，父母離異就可能驅使孩子氣憤地停止與他們接觸。孩子在面臨健康危機時未按照父母的話去做，也是怨恨的成因之一，就連孩子「結錯婚」也是。一些較年長的父母無法容忍子女出櫃、坦承性向。不誠實或背叛信任之舉，也可能會造成裂痕。這種種案例有一個共同的脈絡：父母、孩子或雙方堅決認定，那件有關背叛、羞辱、憤怒或漠不關心的事，已經覆水難收。

現年八十五歲，個頭嬌小，但精力充沛的蘇珊・雷繆坐在輪椅上迎接我，還熱情地邀我坐下。我們聊了她的一生：有十一個兄弟姊妹的她，在南部鄉下的成長過程，還有她的工作及兩段婚姻。第一段幸福的婚姻在她五十多歲時結束，守了幾年寡後，她在六十二、三歲時梅開二度。第二段關係也非常充實，夫妻倆的足跡踏遍世界各地——前一段婚姻因工作和財務限制之故，讓她沒有這種機會。

雖然身上毛病一堆，蘇珊卻是一個既搞笑又熱情的受訪者。她喜歡偶爾來杯酒（波本威士忌加可樂），喜歡和安養社區的朋友一起活動。回想她的經歷時，她告訴我：「我想我過了相當好的一生。我這輩子真的過得不錯。」

但當我問起：「在與成年子女的關係方面，妳會給人們什麼建議？」沒想到氣氛驟然轉變。蘇珊頓時沉默，屏住呼吸，然後話便衝口而出，她倍感挫折般地重重搥了椅臂。

> 我不曉得，我不曉得自己做錯了什麼——我跟你說，因為我的兩個孩子都音訊全無！我沒有——一直沒有他們的音訊。我心痛得要瘋了。你覺得那是為什麼？你有什麼想法嗎？

她繼續說著，語帶哽咽，還不停搖頭：

我不知道為什麼，我不知道。葛瑞絲的生活古裡古怪。我從不知道她的人在哪裡，因為她一直在旅行，長年奔波。她結過婚，但婚姻沒有維持多久，然後又單身了二十年。我知道她現在有個同居男友，但關於他的事情，我一概不知，我只知道有這麼一回事。

雖然蘇珊一開始自稱不知道裂痕因何而生，不過後來她還是指出了可能的原因：

我想，在我結第二次婚後，我們的生活和之前已截然不同。我很忙，我們一直跑來跑去，因此與他們失去聯繫，我不再與他們親近。對此，他們也沒說什麼——我們只是不再有什麼共通點。我想事情就是從這裡急轉直下，因為在我第一任丈夫過世後，一切就變得不一樣了。他們的孩子正值高中年紀或開始進入所謂的叛逆期，我想或許他們都將全副的心力投注在孩子身上，沒有時間找我，於是就斷了聯繫。

他們跟他們的爸爸很親，可以說視他為偶像。在我改嫁後，他們和我的第二任丈夫沒什麼共通點，雙方的生活方式完全不一樣，我想事情就是從這裡開始的。但是我好希望能經常聽到他們的消息，真的好希望！

由於疾病纏身，蘇珊已在地平線上看到人生的終點。她曾試著主動聯絡：

大概在一個月前，我給兩個孩子各寫了一封長信，但都沒有收到回音。我也不時地打電話給他們，但從來沒聯絡上葛瑞絲，我聽到的都是電話答錄機的聲音。另一個孩子，我有跟他講到話──噢，我大概每兩個月打一次，一次講個幾分鐘，但我們很少有共同的話題，幾乎都在聊孫子。

在我結束訪談時，蘇珊的心情已經平復，並回頭告訴我有關她漫長人生多采多姿的趣聞。但我永遠無法忘記，在她傾訴「我做錯了什麼……我心痛得要瘋了」的時候，她聲音裡的痛苦。

我從專家那裡學習到，裂痕可能發生在任何人、任何家庭之中，所以我對於專家認為我們可以怎麼解決這個問題深感興趣。由於樣本數相當大，我既接觸到蒙受裂痕之害的長者，也碰到經歷過「起死回生」的案例──關係差點破裂，但一家人又從破碎邊緣重修舊好的長者。專家們提供三個「預防裂痕」的祕訣，這三招並非皆如反掌之易，但一定要嚴肅看待。

祕訣一：消弭及早發現的潛在裂痕

專家們承認，裂痕一旦出現，便有了自己的生命，會變得愈來愈難以修補。的確，對於如何重建已然破裂的關係，專家們擁有的實用策略不多。他們建議，在早期徵象出現時，就要採取行動。

七十一歲的瑪莎．福克森在兒子傑伊娶了莉娃──據說是個很難相處的人之後，就幾乎與他斷了聯繫。瑪莎和傑伊向來非常親密，有許多共同的興趣和活動，這讓莉娃十分嫉妒進而發怒。最後，一件芝麻小事引發了轟然巨響——瑪莎要不要跟他們一起去度個小假。傑伊已經邀請她，但莉娃強烈且公然地反對。瑪莎於是退出，同時覺得受傷而憤怒。這件事使得她與兒媳婦的關係愈來愈疏遠，最後幾乎斷了聯繫。

瑪莎說：「我不該讓事情那樣惡化下去。如今回顧起來，我可以看見問題在醞釀，而我或許是讓莉娃嫉妒的幫兇。有時我就是控制不住地要向傑伊批評她，現在我看得出來我們翻臉就像定時炸彈。走到那個地步，一點也不值得。」有高中生至中年子女的雙親必須嚴肅地問自己：「這樣爭鬥值得嗎？」專家們說，通常不值得。

祕訣二：裂痕一出現，立刻採取行動

專家們告訴我，雙方的觀點會很快變得激烈，不用多久，「不去努力和好」就會比「試著和好」來得容易了。這種新的現實會迅速生根，因此在衝突爆發後，讓事情好轉的時機，就是「愈快愈好」。

七十七歲的珍妮絲．卡本特，一直和長女葛洛莉雅維持著多少有點緊張的關係，但次女貝絲就常跟她溫暖地作伴。當葛洛莉雅決定去度假，而不參加貝絲獨生女的婚禮時，衝突引爆了。珍妮絲滿腔的怒氣毀了那場盛會，她為婚禮投下的重金也形同浪費。

當葛洛莉雅度完假回來，珍妮絲不肯跟她說話，怒火一天比一天熾烈。珍妮絲表示，那件事是

「壓死駱駝的最後一根稻草」，也是她「看清葛洛莉雅真面目」的轉折點。她覺得在親朋好友面前顏面盡失，開始數落葛洛莉雅的行為「無可饒恕」。但在葛洛莉雅方面，她覺得自己行得正、坐得端，完全難以理解「這有什麼好發火的」。

現在回顧那道裂縫，珍妮絲指出：「我應該馬上和葛洛莉雅推心置腹地談談。一、二個星期之後，我們兩人都非常生氣——我想是變本加厲——連開口說話都變得十分困難。」一眨眼，好幾個星期過去了，葛洛莉雅已逐漸習慣不再聯繫。最近貝絲已成功地讓母親和姊姊恢復往來，但大家一致同意，如果在裂痕出現時立刻開誠布公地討論，情況勢必會緩和許多。

葛雷哥一家就是如此。雖然住在附近，詹姆斯．葛雷哥卻未能幫八十二歲的母親瑪莉亞處理她丈夫中風的情況。當丈夫於幾個星期後過世，瑪莉亞發現自己的怒火燒向兒子，猛烈到讓她驚覺，若是放任不管，情況只會繼續惡化，於是她決定馬上採取行動。

一個星期後，她和詹姆斯坐下來談，向他說了她的感覺。詹姆斯坦承父親的病情讓他心煩意亂，因而無法伸出援手。雖然仍對詹姆斯的自私感到些許怨恨，瑪莉亞仍允許兩人和好。「這是值得的，」她說：「我不想失去與兒子美好的一切。」

祕訣三：最後，妥協的人通常是父母

我很清楚這個建議聽起來有失公平，不過，在檢視有關兩代之間裂痕的紀錄時，我發現如果出現裂痕，要付出較高代價的人通常是父母。父母為孩子付出的，遠比孩子能為父母奉獻的來得多。事實上，老年學家稱此為「兩代之間的風險」（intergenerational stake）——父母通常較需要也較重視親子關係，因此如果關係惡化或崩解，父母失去的也較多。還有一點尤其重要：裂痕一出現，他們與孫子的距離也會被拉遠，甚至永遠分開。

對多數的專家們來說，在與成年子女的關係中最難熬的經驗，包含一個全然未知的領域：兒子或女兒承認自己是同性戀。研究調查顯示，對同性愛情的容忍度與年紀有密切相關。[2] 比方說，十八至二十九歲的美國人有六〇％支持同性婚姻；六十五歲以上則只有二五％。同樣地，較年輕的族群有五五％支持同性戀的領養權，較年長的族群則只有四分之一認同。雖然我手邊沒有調查資料，但在專家們的性格形成時期（一九二〇至一九五〇年），對同性戀的接受度非常低。這種議題根本不會被拿出來討論。

因此，要應付愛慕同性的子女，與他（她）的同性伴侶見面與互動，以及如何將這種陌生的概念融入迥異的世界觀，多數的專家們需要相當大的調適。在一些例子當中，這種不幸造成了裂痕：父母找不到方法，去處理他們對於孩子的人生出現如此意外轉折的失望。

不過，有些父母——甚至包括保守派的父母，選擇與這種情境達成和解，避免產生裂痕。在專家當中，比麥克．霍特更傳統的男士並不多，七十六歲的他，過去的生活始終圍繞著工作、家庭和運動打轉。但是當他的兒子告知性向時，他和妻子都設法徹底地改變觀念。

我們的兒子是同性戀，當他第一次告知我們時，我們的反應──尤其是我，非常負面。那令人又氣又惱，因為我根本不了解那是什麼。「噢，兒子啊，」我說：「那會傷害我們在社區裡的形象。」這是很可怕、很自私的一句話，也很蠢。但你也知道，當你對情況一無所知時，這種事情免不了會發生。我到現在，還一直後悔曾說過那句話。

我花了很長時間，歷經了天人交戰，才願意見他的伴侶。但見面時才發現，原來他是鎮上一位非常成功的商人，不僅文質彬彬，而且相處得愈久，我就愈能接受他，跟他在一起也愈自在，最後那根本不是問題了。

我想，經過這件事情之後，我們變得遠比從前更能包容、更能理解同志社群和他的伴侶等。他們都是很棒的人，而且大都非常、非常有成就。我其他的孩子都很好，從第一天就非常能接受我兒子的情況，這也很有幫助。至於孫子們，你根本看不出來他們對那段關係有什麼不一樣的反應，那對他們而言根本不成問題。

他們對兒子的愛，最後克服了潛在的裂痕。「我們的兒子是很棒、很棒的男生，很有愛心。他非常細心體貼，對人很有同情心，特別是對沒那麼富有的人。他真的很有同情心。」

令人惋惜的是，麥克的兒子突然過世了。所幸，當他們想起和兒子與他的伴侶共同度過溫暖的十年，悲傷也就沒那麼難熬。那段關係並沒有就此結束：「事實上，我們還常約吃晚餐。我們會和他的伴侶外出，進行社交活動。我們和他非常親近，他就跟家人一樣。」

說「避免出現裂痕」是一回事，但萬一事情看來無可原諒怎麼辦？父母有辦法挽回（親子關係）嗎？有些專家遇過最糟的事，曾佇立於裂谷邊緣，但最終仍決定不值得就此為親子關係畫下句點。七十三歲的葛玟．哈格曼，被問及她的成年子女時回答：「女兒跟我很親。」但緊接著是一段長長的沉默；我感覺出其中另有隱情，而她正在猶豫要不要說。最後，她說出來了：

我的女兒跟我的第二任丈夫有染。我對此極為震驚，而他竟然企圖讓我相信自己瘋了，但我知道我沒瘋，而且女兒也坦承了一切。接下來幾年，我們形同陌路。然後，你會怎麼做呢？我可以視她為仇人，但我想：「天啊，這是我唯一的女兒耶！」我知道事情不能全怪她，因為我的第二任丈夫是個壞胚子。

所以，別再追究過去。你不能活在過去，不能繼續痛苦，因為長久下來，唯一受傷的人是你自己。我們重修舊好，主要是因為我要幫她照顧孩子，我很喜歡他們，而我們現在就像朋友。你得讓事情過去，那已經結束，已經落幕——你無法改變什麼，所以就讓它過去吧！

這個訊息——避免出現裂痕，對所有年齡的為人父母者都十分重要。有可能使你和某個孩子一刀兩斷的問題，隨時都可能發生。當然，如果孩子出現傷害或暴力行為時，為了父母的身心健康著想，適當的隔離是無可厚非的。**但專家們告訴我們，雖然裂痕往往出現在當時看來很重要的事情，但那些事情絕對不值得你一輩子承受分離之痛。**

生命功課五．如何和孩子共度一輩子的關係？

從我跟數百個長者的對話當中，我發現一個人生的新階段，我稱之為「中年模糊」(middle-aged blur)。養育孩童及青少年的那些年，約莫在三十至五十歲，常被長者這樣形容：很模糊，什麼都匆匆忙忙、亂七八糟，整個歷程彷彿一眨眼就過去了。從第一個孩子出生後，工作、家庭生活和學校的交叉點就成了一個黑洞，會吞食時間、精力和思考。在那些年，許多家長完全「活在當下」，很難在急流漩渦中退一步反省。

而就在這裡，專家們獨到的智慧再次湧現，因為他們已經歷過那一段人生。如果你正處於教養子女的階段，不妨想像一下自己已活到專家們的年齡；如果將教養孩子比作一場馬拉松，那你已經抵達終點線。

你已經歷過養育子女的高低起伏，從生產時超現實的敬畏，襁褓期的失眠夜晚，到學步期與日俱增的興奮（和惱怒）。你擔心過孩子的病痛、成績、那本在兒子床下發現的可疑雜誌（明智地從未說破），以及女兒第一次坐上駕駛座、獨自開車的情景。你感受過喜悅：延長賽讀秒階段的制勝投籃；你終於聯絡上你的青少年，而有了出乎意料的深夜對話；四月時，一封來自於一所好大學厚厚的信（在幾封薄薄的信先送達之後）。然後你開口道再見，看著孩子離家──一如我們全都必須經歷的過程。

但接下來呢？在你的子女離家的那一剎那，一個出乎意料的問題冒了出來：**我們剩下的人生要怎麼過**？我們所有的精力都投注於如何讓孩子順利進入「真實世界」，幾乎沒有時間著眼於長期的遠景。在美國，大部分的人在二十五至三十歲當上父母。這件喜事之後的十八年，他們會和那個孩子同處在一個屋簷下。在孩子離鄉背井、獨立生活時，這對父母已四十好幾，而他們還可能再活四十幾年。

這是簡單的算術。我們成為父母以後，多數時間不是孩子待在家裡受撫養，而是他們成年之後。平均壽命的大幅提升，已創造出前所未見的人口趨勢——父母和成年子女共享的生命愈來愈長。在過去，父母大都在他們最後一個小孩成年後不久便過世（甚至在其成年之前）。現在，我們可以盡情收割數十年來營造的親子關係成果（以及挑戰）。

若把這些專家們的訪談，和這麼多年來其他所有我參與過、與長者有關的研究加起來，大約可以得出一萬份的採訪紀錄。我知道，現在大部分父母都著眼於當下在家教養子女的情況。他們身在壕溝，而這十八年馬上就在「中年模糊」中流逝。然而我的研究顯示，父母必須把未來放在心上。在孩子五歲、十歲或十五歲時，你做了哪些事情可以創造持久、深情的關係，陪伴你們度過更加漫長的歲月——孩子的成年以及你的中老年？

相信我，因為隨著你年華老去，你會希望孩子陪在身邊。前文描述過，擾人、疏遠的親子關係，帶給長者莫大的痛苦。在你年過七十之後，你的孩子將為你帶來持續性、重要性和依附感，賦予你的人生一種無所不包、更偉大的使命感。如果那時他們無法陪在你的身邊、與你共享彼此的活動而成為親情的支柱，老年將會非常難熬。你已經做了投資，從中年開始，你會深深渴望於我所謂的「報酬」。

你已經聽了有關裂痕的事情，以及它的後果。但是，只要明智地投資你的親子關係——陪伴他們，就算你必須有所犧牲；避免嚴厲的懲罰；在歧見變成裂痕前加以調整，一定會得到金錢難以衡量的報酬。我不說教了，就讓專家們說話吧！只要你竭盡所能，努力培養及維持和孩子的良好關係，就一定會得到回饋。一如其他事物，你的投資將會帶來報酬。

八十歲的雷伊．卡岱爾育有兩子兩女。他和已過世的妻子瑪尤莉，在孩子童年時為他們投入大量的時間和關愛，建立了穩固的關係和愉快的回憶，就算那意味著要犧牲事業機會。報酬如何？雷伊說：

我和四個孩子的關係是喜樂的泉源。我喜歡有他們作伴。他們全都喜歡彼此，也喜歡彼此的配偶和家人。那真的是喜樂的泉源。

他們最近共同做的一件大事是去年六月，我八十歲生日時。在那之前，我和其中一個孩子聊天。碰巧提到在我揮別塵世之前，想去佛羅里達（Florida）看大聯盟春訓。所以他們幫我安排了行程，且與他們四個人同行。兩個女孩帶著些許恐懼和戰慄面對這件事：「我受得了那麼多棒球嗎？」但她們還是為我做了。後來她們都說，她們玩得開心極了。這就是我們這家人的同志情誼。

艾希・費斯特現年九十九歲，她出奇地活躍，以游泳和散步當作運動（最近才停止開車），會編織衣物，並且維持活絡的社交生活。「我有兩個很棒的女兒，現在她們是我的幸福。她們就住在附近，挺好的。」她的女兒多大年紀呢？一個七十六歲，另一個則是六十九歲。關於報酬：

從她們小時候，我的信念就是「敞開家門」，讓她們帶朋友來玩，這樣你才會知道她們在跟誰交往。你想確定她們有人照顧，你不能放她們亂跑，她們是很好的孩子。我盯著她們上學，盯著她們寫功課。你一定要盡力，爸媽照顧孩子是很重要的事。就如我所說的，敞開心胸。打開家門，歡迎她們的朋友，這樣你就知道她們跟誰一起玩，知道她們人在哪裡，都做些什麼。

成年後處得好嗎？很簡單——我們彼此關愛，互相照顧。我想，隨著年歲漸長，你也可以向你的孩子學習，我就從我的孩子身上學到很多。世界已經改變，你不能封閉心靈，所以你要多聽、多看，要試著傾聽，聽聽孩子說些什麼。

艾希的一個女兒這樣大聲說：

我們還陪她玩樂呢！每隔一周的星期天，我和先生都會陪她玩撲克牌，玩割喉戰的皮納克爾撲克（pinochle），通常都是她贏。我們沒有放水，因為爸媽從小就教我們，要憑實力贏才算贏。我們到現在仍這樣玩，所以她贏的時候都是真的贏。她機靈得很，你沒有辦法唬弄她。她要我們遵守規則。我們都這個年紀了，她仍要我們遵守規則。

在你做教養子女的決定時，想想長期報酬。俗話說：「現在我們必須做未來對我們有好處的事。」專家的課題反映了這個觀念。放眼未來（包括孩子年幼時和成年後），必須思考要為他們做些什麼。當你步入晚年，你很可能會對你的孩子產生一種單純的欲望：希望他們喜歡你，會想跟你在一起。據專家們表示，會妨礙那種未來的行為都該嚴加避免。艾希擁有的親子關係超過七十年，你也可以做得到。

因此，現在就做出那些可以讓你像艾希、雷伊和其他許多專家一樣，能獲得報酬的決定吧！

練習．拋棄完美的標準

在本書第一章，我說明了為什麼要聽這些最資深的長者們傳授人生課題。教養孩子這一章就清楚凸顯了，謹記專家獨到的見解何以如此珍貴；那些是到了人生後半才會趨於明顯的事情，是已通過時間考驗的事情。那就是專家們對這五門課題建議的由來。本章備忘錄如下：

一、**時間就是關鍵**。如有必要，請犧牲其他時間，盡量多陪陪孩子。你和孩子必須一起度過林林林總總的家居生活，而不只是計畫中的「珍貴時光」。

二、**偏心很正常，但千萬別表現出來**。接受你比較喜歡某個孩子的事實，但不要讓他們知道。

三、**別打孩子**。用慈愛、尊重的方式教訓孩子，排除體罰（無論體罰目前看來有多吸引人）。

四、**不計代價，避免產生裂痕**。盡你所能地避免跟孩子產生永久性的裂痕——就算身為父母的你必須放下身段妥協，也在所不惜。

五、**著眼在與孩子一輩子的關係**。在孩子離家後，你還要當很久的父母，所以請在他們還小的時候，做些能促進後半人生正面關係的決定吧！

當我回顧這些課題時，我察覺到這些經驗豐富的父母，希望傳達給我的一個隱含的訊息。他們以過來人之姿，**要求我們抗拒為人父母常面臨的強烈誘惑之一——追求完美，無論是對孩子或我們自己的教養之道**。

邏輯上，我們大都明白不可能創造出完美的小孩。但事實上，近來「對完美小孩的追求」，令人聯想到利用基因科技來雕琢無瑕後代之驚悚。千百年來的育兒經驗證實，那種想法是天方夜譚。一旦我們讓基因工程創造的孩子置身於變幻無常的家庭生活，面對我們難以避免的瑕疵與錯誤，以及由兄弟姊妹營造的難以控制的環境，一切全成了徒勞。

不過，仍有許多家長在評判自己的育兒成果時，執意要採用某種完美標準。他們會說：「要是當初我鼓勵強尼多接觸音樂就好了，現在他就能運用他的天分了。」「假如我多給瑪莉跟其他小孩玩的機會，她就不會這麼害羞了。」當然，許多這種「要是……」的句型都可以有兩種說法：「要是我逼吉米用功點，他的成績應該會比較好」，聽起來跟「要是我沒有逼吉米逼得那麼緊，他的成績應該會比較好」一樣真確。

此外，我們還會以不可能的標準來衡量孩子，拿他們和只存在於想像中的循規蹈矩、勤勉踏實的理想孩子相比。這種現象已司空見慣──孩子在舞蹈課或語言課和志工之間來回奔波，（家長的）行事曆上密密麻麻的，完全不亞於企業執行長。我們也都看過家長堅持要資質普通的孩子參加大大小小的考試，以證明他有「學習障礙」，堅持幫未入選足球隊的孩子聘請高薪私人教練，還有購買要價不菲、堪稱大學金雞母的暑期充實課程。

專家們對這種壓力的反應，著實讓我們大大鬆了一口氣。因為他們非常樂意告訴你：沒有人能有完美的小孩。他們承認──他們每個孩子至少都有一些難題、一些缺點，或是一段不快樂的時光與重大的錯誤行為。但令人放心的是，他們絕大多數的孩子，後來都人格健全、發展良好。這裡的訊息很明確：**拋棄種種養出「完美小孩」或成為完美父母的念頭，而且愈早放棄愈好**。

他們呼應了兒童心理學的先驅唐諾．溫尼考特（Donald W. Winnicott）的說法，他向全天下的父母保證，他們該嚮往的是「夠好的育兒方式」。我們不可能完美，但我們可以做得「夠好」，來培育出堂堂正正且有愛心的孩子。

七十六歲的吉楚德．陶爾斯告訴我：

說來好笑，因為我們是在「斯波克博士」（Dr. Spock，編按：美國兒科權威、醫學博士，一九四六年即出版經典育兒暢銷書）的時代養育孩子。那是一本家喻戶曉的書，用來查詢我們做錯什麼或做對什麼；我們可以養出完美的小孩，我們可以成為完美的父母。但事情並不是這樣。

做一個「夠好」的父母，意味著允許孩子失敗。被問及教養子女之事時，蕾娜兒‧富拉契特的第一句話是：「那是很困難的工作。」那不代表現年七十八歲的蕾娜兒不喜歡養育她的三個孩子，只是凸顯育兒過程中處處挑戰的事實。

她思考過許多有關孩子及育兒的事，曾擔任老師、後來成為知名的童書作家。她建議：放棄追求完美小孩，讓他們從錯誤中學習。

我和先生對孩子的態度一致：我們會讓他們試著自己做決定，雖然他們並非每次都能做出對的決定，但他們會從錯誤中學習，而這很重要。如果你從未犯錯，你就永遠不知道做事情有對的方法，也有錯的方法。

你的方法不見得最好，但你將學會如何面對困難。

我記得曾跟兒子說：「如果我們是另一種爸媽，比如那種會逼小孩進入某間大學、過他們希望的人生的爸媽，不知道你們幾個孩子會變成什麼樣。」他非常驚訝地看著我說：「唉，我們都念過大學，都有不錯的工作，我們的工作不會傷害任何人，我們沒進過監牢，也跟毒品圈毫無瓜葛——

你還希望我們怎麼樣？」所以我說：「你說得對，你們現在這樣就好。」就我的經驗來看，勉強追求完美是沒有用的。

專家們告訴你，對於你的孩子，你可以輕鬆一點：放寬你的期望，假設失敗在所難免。重要的是，從旁支持他們解決問題，而非追求完美。且讓專家們長年累積的智慧允許你放棄完美，用「夠好」來交換。專家們的五則建議中沒有一個需要完美，只需要開放的心胸、傾聽的能力和良善的心意，而這些是所有父母都能培養的特質。

Chapter 5 老後無悔

迎向生命最大驚喜之旅。
不要浪費時間害怕老化、死亡

艾德溫娜．艾柏特，九十四歲

我要給人們什麼關於變老的忠告？我會告訴他們找出魔法。在許多方面，這世界是很神奇的地方。享受早起看日出的時光，這是你在變老的過程中可以做的一件事。你可以滿懷感激，喜悅地看待已經發生的事。你該享受你的生活，每天成長一點點。你在變老，但不代表你必須停止成長。

以前我常這樣想，當你年華老去，你會坐著搖椅慢慢搖，任世界流轉。但我老了以後不是這樣，很多老人也不是這樣。我沒辦法再跳舞了，但假如可以的話，我會繼續跳。世上沒有任何人有任何理由覺得無聊，那是我一直掛在嘴邊的一句話。如果我死後上天堂，而天堂是他們說的那個樣子，我才會無聊到死。你沒有必要在這個世界無所事事，外頭可是多采多姿呢！

***　***　***

在小布希（George W. Bush）總統的年代，我曾接受《華盛頓郵報》（*Washington Post*）的訪問，討論一篇有關總統六十大壽的報導。[1] 套用記者的話，小布希在前幾個星期已「理解變老的事實」。報導是這麼寫的：

最近幾個月，接連參加數場演講的布希總統自稱是「老總統，每分每秒都在變老」，是「白髮族的一員」「愈來愈老」，而且「迅速老化」。

記者要我以老年病學家的身分發表評論，我說道：

對許多嬰兒潮世代的人來說，六十歲是個令人震驚的關卡……。那個世代相信自己會永遠年輕，但事實當然不是這麼回事。那個世代的人很難接受「人生的機會並非毫無限制」的既存事實。

一看到那篇報導，我的腦中突然靈光一閃。雖然多年來，我一直概括性地談論嬰兒潮世代的種種，而今才忽然明白，原來我一直是在描述自己，以及對於老化深植內心的恐懼。我是典型的嬰兒潮世代成員，出生在一九五四年，正值美國軍人從二次世界大戰回歸、開始建立大家庭之後，是巨大出生浪潮的高峰。從牛仔服飾、呼拉圈（編按：一九五八年由美國 Wham-O 玩具公司重新推出，造成風行）、擁擠的小學教室，到害怕「炸彈」、電視文化、及莫名其妙地記不得一九六〇年代晚期發生的事──這些我都經歷過。

若說嬰兒潮世代留給世人什麼刻板印象（基本上也是事實啦），那就是根深柢固的「彼得潘」態度──嬰兒潮世代很難理解變老的現實。當然在這方面，接下來的X世代和Y世代絕對不遑多讓，同樣堅定地否認老化過程。

但嬰兒潮世代掀起了「青春永恆」的狂熱，具代表性的名言錦句中，包括易比派（Yippie，一九六八年前後激進派知識分子的自稱）人士——傑瑞・魯賓（Jerry Rubin）的口號：「別相信超過三十歲的人。」（彷彿他永遠不會三十歲似的）；以及彼特・湯森（Pete Townshend）在「誰」合唱團（The Who）經典歌曲〈我的世代〉（My Generation）所寫的詞：「我希望在變老前死掉！」（現在彼特六十五歲了，不知是否仍有此想法。）

所以，像我們這種年輕取向的文化，要怎麼面對老化呢？埋伏在品酒之旅、冒險行程、紅色跑車，和第二春或第三春後面的，是我們知道老年避無可避了。十七世紀的政治家詩人安德魯・馬維爾（Andrew Marvell）所寫的詩句，無人可以例外：

> 但在背後，我一直聽見，
> 時間的驛馬車疾速逼近。

或誠如存在主義哲學家卡繆（Albert Camus）所言：

> 當那天來臨，人會發現……他原歸時間掌握，而在滿心恐懼之中，他認清了最大的仇敵。

害怕變老的情形在我們的社會相當猖獗。過去二十年來的調查顯示，美國人對於變老普遍抱持負面態度。這個主題的專家、心理學家泰德・尼爾森（Todd D. Nelson）以一句話總結相關研究：「多數的美國人對較年長者的容忍度很低，也幾乎無人否認他們對長者抱持著負面態度。」[2]當然，這段話諷刺的地方在於：較年輕者傳播了一種未來只會傷害他們自己的偏見——如果他們有幸活得夠久而變老的話。**我們害怕自己即將變成的樣子**。

但是，如果我們對於老人和變老的觀念完全錯誤呢？接下來你將會看到，七十歲以上長者的觀點徹底扭轉關於變老的傳統思維。

生命功課一．生命最大的驚喜——晚年

老化是人類所發生最離奇的事情之一。那是無人可逃避的過程，因此全人類至少有一個共通點——我們都會變老。但是，多數人很難想像自己年老時的情景。在心理上，長者會被歸於另一類，甚至被當成不同於年輕人的物種對待，彷彿長者一直都是長者似的。我們心裡似乎就是無法接受老化只是一個過程，進而描繪出年老的我們會是何種模樣的寫實畫。

年輕人往往難以想像老年的生活，因此研究人員不斷尋找方法幫助他們想像。心理學家卡斯坦森（Laura Carstensen）和貝蘭森（Jeremy Bailenson）就設計出一套實驗，來幫助大學生展望未來的自己。他們運用名為「沉浸式虛擬實境」（immersive virtual reality）的技術，讓這種想像更加真實。每個

學生可以透過鏡子，看到模擬未來自己的數位年齡變臉（age-morphed）影像。研究人員發現，未來的畫面能促使年輕人更切實際地思考退休規畫之類的事情。不過，就算擁有這種技術，年輕人仍然很難想像半個世紀之後，他們的人生會是何種面貌。

因此，我們寧可沉溺於晚年生活的幻想，也不想聽已經晉升那個階段的前輩告知其確切的情況。我真的問過他們，但我得到的答覆令我深感詫異。大部分的專家們都告訴我，他們的晚年過得非常幸福——有些甚至還超過年輕時所感受到的幸福。我先入為主的觀念開始被一個新印象給取代，我發現自己在說：「變老，遠比我們想像的好。」

試試看：先想想你對老化過程的恐懼，以及變老這個概念讓你擔心什麼。然後，讀一讀下文這些夠資格被稱作老人前輩的肺腑之言。

擁抱它，不要抵抗。變老既是一種過程，也是一種心態。如果你的心態是你仍然很不錯，依舊享受生活；你的人生仍有使命，那你一定會做得很好。（雷伊．卡岱爾，八十歲）

我要對十八歲青年說的只有：別認為年紀大就會衰老不中用，只是無奈地走在通往墓地或停屍間或什麼的道路上。比那些地方好多了。那兒有很多你還沒有體驗過的事物，它們會帶給你滿滿的快樂和趣味。那兒不是路的盡頭。你仍在路上，而你還沒看到盡頭呢！（喬絲琳．威爾基，八十六歲）

我要告訴年輕人，變老真的很好，因為你可以隨心所欲，且為所欲為！你不會被約束，你可以做你想做的事。可以儘管動身，一個人去你想去的地方，沒人敢管你。如果有人打電話約你，你就出門，不必待在家裡。在我比較年輕的時候，如果有人約我，我會說不行，我會找藉口。但現在，不必了！我馬上去！（雷蒙娜．歐柏格，七十六歲）

關於變老這回事，專家們給我們的基本訊息，是整本書最違反直覺的建議之一──**不要浪費時間擔心變老的事**。年老完全不同於專家們所預期，也遠遠超過他們的期望。是什麼讓變老比我們想像中好呢？我從數千位長者的身上獲悉，老年能成為人生格外充實的時光，有兩件事情厥功甚偉。

首先，許多專家形容晚年的生活猶如體現「平靜」、輕鬆愉快的人生，每天都帶來出乎意料而難以言喻的平靜和輕鬆感。在與瑟希兒．蘭金一起消磨某個春天的午後時，我親眼目睹了這個現象。一位兼職的家事助理員前來應門，帶我前往瑟希兒的客廳，那兒有一整面牆的窗戶，可穿過依然光禿的樹木，俯瞰底下平靜的湖面。這幢湖濱住宅是瑟希兒五十多年來的家，最近她才放棄每天游泳，「因為我沒辦法下樓了。」

結婚六十八年後，瑟希兒在數年前開始守寡，但她表示仍與三個女兒（現年都六十幾歲）往來密切。瑟希兒對她的年齡或她所剩的時間沒有任何幻想，她笑著告訴我：「我九十二歲了，所以如果我能活到九十五歲，那就是奇蹟。」

瑟希兒的長壽也帶來限制。「活得愈老，我的圈子就變得愈窄。我不太能走路了，所以很多事我沒有辦法每天去做。比方說，我沒有辦法去博物館，除非有人可以幫我推著輪椅到處跑。我以前三天兩頭跑圖書館，但現在無人同行我就去不了。我也不能逛街，所以我的生活範圍真的變得很小。」但她繼續說：「但我的心可沒有變小，我過得很快樂。」

一如許多最老的專家們，瑟希兒發現晚年生活已為她帶來整體感、認同感，和享受小小樂趣的能力——儘管一直在失去。

現在我的頭腦清楚得多。我的意思是，在老人家——不只是成人，而且是年紀較大的人，事情會變得清晰許多。我一直在想，為什麼我現在會比較快樂。我想到很多理由。首先，以前對我來說很在乎的許多事情，已經不再重要了；第二，我不再像過去那樣肩頭扛著重擔。我一直是相當負責任的人，但我已懂得放手。我的孩子都是他們人生的主人，不管他們怎麼做，都要為自己負責。我也覺得非常放心，相信他們不會有問題，不是因為他們能做出好的決定，而是他們能管理自己的人生。我對我的孫子也很放心，他們感覺起來都是有肩膀的人。我真的以他們為傲。

我住在一個我喜愛的地方——我的家。這裡的夏天很棒，我總是在外面閒晃。我的家人會來，朋友也會來，我就像在度假一樣。我也放棄了必須張羅一切款待親友的念頭，因為如果有人來，他們都會帶一堆東西。我覺得自由自在，而且感受到前所未有的滿足。我也聽過其他像我這個年紀的人這麼說。

瑟希兒絕非特例。如果你和我那群八、九十歲的專家代表團同處一室，看到你對變老這件事憂心忡忡，他們會向你傳達一個明確的訊息——忘了它。因為對他們多數人來說，**晚年是生命最大的驚喜之一：這段期間帶來的機會和滿足感，大大超乎先前的想像**，而這種感覺不分所得和種族皆然。

我的第二大驚奇是，專家們視老化為一種探索。他們承認變老是個未知的領域，那個世界不像中年時有一張清楚的路線圖，有明確的事業階梯和育兒責任。但許多專家都將它形容為探索新天地，是掌握新機會、發展興趣的契機。變老不是衰退期——許多美國長者將它視為一場冒險。

羅蘭．鮑爾不是盲目樂觀之人，她並未掩飾老化的種種問題；向來活躍而忙碌的她，受不了隨老化而來的生理限制。她高齡八十九了，但她將老化視為一位訪客。她告訴我：

> 丁尼生（Tennyson，英國詩人）描寫尤利西斯（Ulysses）的那首詩中有一句說：「來吧，我的朋友／現在追尋新世界還來得及。」那是我人生的真言。「來吧，我的朋友／現在追尋新世界還來得及。」就算你已經一百歲了，知道嗎？

安朵娃奈特．華特金斯被問到能給年輕人什麼關於老化的忠告時堅定地指出：

> 這個嘛，我會告訴他們，別擔心。我發現每一個十年，每一段時期，都有之前完全沒有的機會。我人生的每個階段都有樂事。問題在於——人們是如此害怕變老。別擔心啦，那是一場冒險。

對許多專家來說，老年的冒險包括開拓新機會與發展新興趣。

八十二歲的亨利．大衛成長於經濟大蕭條期間的「自耕農」（dirt farmer）家庭，只吃得起家裡自種的糧食。「大蕭條影響了我們的態度，影響了我們的活動，影響了我們的作為，也影響了我們的抱負。那讓我們更勤勉地奮鬥，以便脫離大蕭條，並從事比自耕農更好的職業。」而亨利辦到了，他獲得碩士學位，從事設計科學儀器的工作。他到七十歲才退休，並且學會了變老也可以是一場「狂歡」。他說：

退休後，我比年輕時更積極地參與志工活動，也更樂於其中。我喜歡有機會分享自己或許能給予的建議，而這是你二十歲時沒辦法做的事。你還沒有累積足夠的經驗，無法充分運用學到的知識，因為你學得還不夠多。

而在目前我身處的階段，你可以把片段資訊組合起來，可以為社會貢獻你的所學。過去十年，我開心極了。我服務於歷史社團和其他組織，獲得許多樂趣。在這個階段，你可以整理、歸納許多你二十歲時還搆不著的事物。

這個訊息值得一再強調：你在年輕時擔心變老所花的時間，都是白白浪費了，因為那很可能比你預期的好得多。不過，一如下一堂課所呈現的，你可以趁年輕時做許多事情，以便確保老年會比你想像中的好。

生命功課二・假設你需要你的身體一百年

本書在選擇人生課題時，有一個標準是「避免老生常談」。基於這個原因，我並未聚焦於一些常有人耳提面命的建議，例如「愛你的家人」或「努力工作」。同樣地，大部分的專家也都提到「照顧好你的身體」，或「沒有健康，一切歸零」之類的建議。在這個健康意識高漲的社會，你沒有一天不會聽到反式脂肪、熱量過剩、汽水，或久坐不動的危險，專家們的處方看來沒有太高的新聞賣點。

但有個例外。從數十年來觀察自己和他人的行為，專家們給予我們一個深刻而格外重要的訊息，可望改變你對自身健康的觀感。其中包含重新思考如何激勵自己保持健康，以及如何選擇對於未來生活（請記得，這起碼會持續三十年）至關重要的習慣。這堂課的主旨如下：**你該擔心的不是死亡，而是慢性疾病**。

多數人都在思考，我們當前的行為會如何在未來影響我們，但專家們表示，我們把焦點放錯地方了。該思考疾病時，我們卻想著死亡。這促使我們做出各種不正確的決定，導致我們數十年後境遇悲慘。你或許不相信電視上各式各樣的公共衛教訊息，不喜歡伴侶嘮嘮叨叨，但我相信你至少會採納專家們在這方面的建議。

多年來，我發現當人們從事不利於健康的習慣時，他們會試圖把話題轉向死亡來替自己辯解。

以我這輩子深愛的人為例：我的岳母。她身高五呎，是活蹦亂跳的蘇格蘭移民。她為人幽默風趣，熱中於 Scrabble 拼字遊戲，是我認識最親切的人之一。但她嗜食培根、香腸、紅肉、蘇格蘭威士忌和甜食。同時是一天要抽一包菸的老菸槍，不愛運動。我常跟她嘮叨這些不利健康的行為，她總是當成耳邊風。她會告訴我，她喜歡這些惡習，也不在乎自己能活多久。

「人活得太久了。」她總是這樣說。她也堅稱美國人太擔心死亡，那讓我們動輒得咎。我聽過太多這種論調了。許多肥胖、抽菸或不運動的親朋好友都常說：「沒有人能永生不死。」還有「如果那只會折我幾年的壽命，我覺得相當值得。」身為虔誠的天主教徒，我的岳母在對我忍無可忍時告訴我，她的健康計畫是蒙受天恩——就算暴斃也無怨無悔。

根據專家們的說法，這種觀念根本是錯誤的，因為他們親身了解一個事實：不做正確的健康決定，你該預期的不是死亡——事實上，那是你最不必擔心的部分，你該擔心的是年復一年或許長達數十年的慢性病折磨。我們之中的抽菸者、飲食過量者和「沙發馬鈴薯」族群，都太安於「最壞的事情頂多就是暴斃」——或許比其他人早一點，但何必在乎呢？——這種自我安慰的想法。事實是，你幾乎不可能這樣瀟灑地離開。最後，我們勢必得面臨愈來愈沉重的疾病負擔。

話題回到我的岳母。她在六十幾歲時罹患糖尿病，這是通往其他許多疾病問題的路徑。隨著時日一久，她也得了乳癌，出現肺氣腫，還被診斷出有鬱血性心衰竭。愈積愈多的疾病好比重物般壓在她身上，使她倒地不起。這些疾病都未能奪走她的性命（最後是肺癌下的手，在她八十二歲時），但她的身體卻因慢性病走了二十年的下坡，儘管態度積極進取，她的病情仍不時給她帶來痛苦，限制她的社交、旅遊和享受日常生活的能力。

專家們一致同意，你現在為你的健康所做的，對你的未來至關重要。不過，動因不該是你可以活多久，而是**怎麼活**。活到六十歲的人平均至少要再活二十二年，你真正需要擔心的是──你在那個時候的生活品質。這就是專家們要傳達的訊息。忘了死亡吧（請參見下一堂課）！你必須及早改變你的生活方式，不是為了活久一點，而是為了在你七老八十，甚至是更老的時候，能活得更好。你的身體很可能必須為你效勞一百年。

七十七歲的陶德．歐維耶說得簡單扼要：

> 嗯，我知道的是：變老沒什麼關係。但你會想坐著輪椅，帶著氧氣瓶，讓人推來推去嗎？如果你知道現在可以做些什麼加以預防，就趕快去做。因為在你年老之後，你會真正有機會靠著椅背，享受人生。但如果你因為肥胖或其他緣故，讓健康狀況變得很糟，那麼機會就很渺茫了。不論你可以做些什麼來維持健康，現在就做。避開香菸之類的東西，因為那一定會對你往後的人生造成影響。

八十四歲的露易莎．瓦嘉也同意：

> 你在年輕時所做的事，到你老了還會緊追著你。請趁著年輕時照顧身體、看醫生、保持健康，不要糟蹋你的身體。抽太多菸會傷害你，喝太多酒和吸食毒品也會傷害你，所以這些事千萬別做得

過火，這是保持身體健康的必要條件。這樣到你年老時，你的身體才不會糟蹋你。現在，如果你沒做那些事，往後的人生可能會出現許多美好的事物。

專家們的觀點有穩固的研究證明。這是在前一個世紀所發生的事：很多人因為罹患急性傳染性疾病而早逝。透過改善衛生及營養，加上醫學進步，我們已經克服上述許多問題。一些疾病也加強了早期的篩檢作業，逐步降低死亡率。鐘擺固然離開了急性病症（特別是童年時期），卻擺向慢性疾病。現在美國人會因心臟病、中風、糖尿病和肺部疾病而死亡。

這些慢性病有兩個共通點。不同於死亡，就拿肺炎來說好了（我祖母的世代稱之為「老人家的朋友」，因為那時它會導致迅速而相對不痛苦的死亡），這種疾病和其影響可能會延續數年甚至數十年之久。這就是它們被稱為慢性病的原因，畢竟——它們會一直持續再持續。

這些疾病共有的第二特徵是大都可以預防。世界衛生組織（ＷＨＯ）明白指出：慢性病主要是由普遍而可緩和的風險因子引發。[3]前三名因子是什麼？不健康的飲食、缺乏體能活動和抽菸。這個頗具聲望的組織也強調了專家支持的論點：每個人都會因某種原因死去，但死亡不見得非得是慢性病緩慢而痛苦的過程。如果你研究過這些慢性病痛，相信我，你會避之唯恐不及。

最令人傷感的例子來自於那些自己深受教訓，而學會「為什麼你現在就該照顧自己」的專家。在我讀高中時，我們必須枯坐教室，聽取駕駛教育課程，他們會播放令人毛骨悚然的影片，恐嚇我們一定要注意行車安全。讓我們援用這種精神，看看幾個可預防的慢性病的面貌。

七十一歲的達芬妮・普萊努力保持樂觀，並在生活中找樂子。但照顧她慢性病丈夫的重擔，壓得她幾乎喘不過氣來。雖然我們不能斬釘截鐵地說，她丈夫的問題就是未妥善照顧自己所致，但一切都與生活方式息息相關。

> 我不知道在先生第一次心臟病發作、做了三個繞道手術時，那還是他最輕微的病症，也是最不傷元氣的一次。接下來他罹患糖尿病，需要控制飲食和注射胰島素。然後是心臟衰竭，最後他中風了。一晃眼，十五年就過去了。擔心，我當然擔心啊！我恨不得能想出不擔心他的辦法。我盡力做該做的事，但下一次我的心裡還是免不了擔心。
>
> 我們常叫救護車，因為糖尿病患者難免會有血糖失控的時候，而現在他每天一早都會醒來三次，完全不由自主，因為他已在昏迷邊緣。現在醫務人員會直接走進臥室，他們早已熟門熟路。

最懊悔的，莫過於因抽菸而摧毀健康的人。如今許多昔日的癮君子願意不惜代價揮舞魔杖，改變當年的選擇。很多人在年輕時不承認抽菸的壞處，以為大不了就是早死。但事實並非如此，誠如八十七歲的泰瑞・拉基特跟我說的：

> 告訴年輕人，選擇愈健康的生活方式愈好，生理與心理方面都一樣。我有相當好的體格，一直喜歡游泳，健行，打網球、回力球和手球。但我在一九四〇年海軍服役時開始抽菸。退伍時，我一

天要抽三包菸和好幾根雪茄，我戒了將近兩年，然後又開始抽了。一九七七年，我得了支氣管肺炎，一九八九年做了五次心臟繞道手術。之後我終於永遠戒菸了，而在一九九二年又切除了肺部的惡性腫瘤。我太太的菸量大概是我的一半，而她死於肺癌。她過世沒多久，在歷經一年的放射性治療和化療之後，我罹患了吸入性肺炎——我的第四個有致命之虞的疾病。

顯而易見地，除了健康的飲食和運動，我建議不要抽菸。我會抽菸只有一個藉口：在一九四〇年代初期，我們不太了解菸癮這回事，以及抽菸和心肺疾病的關聯，現在人們沒有這個藉口了。

蒂娜・奧力維仍為十一年前她丈夫的過世哀慟。

先生曾答應我，我們會有五十周年紀念，他撒謊，他在結婚四十七年半之後離開我。他病了好一段時間。他得了心臟病，而在那之前他動過頸動脈手術，先動一側，又動了另一側。他是一個老菸槍。

謝天謝地，我的孩子們都不抽菸。他們看到我先生的情況。他進了醫院，在動過心臟手術後住了五個半月，之後再沒有回來過，足足五個半月。在那五個半月期間，我每天都要開五十二哩路的車程去看他，每天都去。

但是，孩子們早就知道他必將受苦。而當你跟他說「不要抽得那麼兇了」或「別喝那麼多」之類的話，他會說：「那又如何？人遲早會死。」然而，是誰在受苦呢？是家人啊！

這個故事的寓意是：下次當你想用「那又如何？人遲早會死」之類的話來做為不良習慣的藉口時，請把話收回去吧。因為沒有人能保證，在你過了好吃懶做或菸不離手的生活之後，可以輕鬆地揮揮衣袖。專家們告訴你，你無法選擇會不會死，但你在某種程度可以掌控，你人生的最後數十年是要過得健康而富有生產力，還是要陷入體弱多病的惡性循環。

生命功課三．把死亡當成「未知旅程」

我亟欲請教專家們的一件事情就是死亡。沒錯，我承認死亡這件事嚇得我魂飛魄散，因為我在四歲左右就察覺它的存在。其他人都沒有放在心上，但年紀尚幼的我卻怎麼也忘不了——無法遁逃。當然，世上不是只有我會這樣：甚至有一個學派的心理研究是以「恐懼管理」（terror management）為基礎。[4]

這個理論（在社會科學領域不是什麼令人振奮的理論）假定：一旦察覺自身難逃一死，就可能引發令人衰弱的恐懼，接著我們會找方法在心理上保護自己，並且克服這種恐懼。

若說誰曾經歷過這種恐懼，那當屬專家們無疑。就數據上來看，他們畢竟比我們七十歲以下的人更接近生命的盡頭。「時間的驛馬車」無疑地正「疾速逼近」他們每一個人，無論他們今天看來有多健康、有多活潑。美國人的平均壽命是七十八歲，許多受訪者都已超過這個年紀（編按：根據內政部統計，二〇二二年台灣人平均壽命為八〇．八六歲）。經科學證實，人類最長的壽命為一百二十二歲（卡爾蒙特〔Jeanne Calment〕，一位活躍的法國女性）——如果你活得了那麼久的話，是很長壽，但仍非永遠。

我知道這是禁忌的話題，但仍決定硬著頭皮，坦率直接地請教專家們有關死亡和瀕死的事。我以這個問題開始：「當人們活到你這把年紀時，他們會開始了解去日苦多，來日絕不方長。你對於人生的盡頭有什麼感覺呢？」我們討論他們對死這個主題想了多少，有什麼期望，以及死亡會不會讓他們擔心，或是占據他們每天的思緒。

在聽取訪談時，一個問題不斷地浮現心底：恐懼到底在哪裡？因為專家們告訴我，對死亡強烈不堪的恐懼，主要是年輕人的玩意。專家們並未嚴詞否認恐懼之事，但提供了面對死亡的實際方法，也表露出討論死亡及死亡意義的意願。絕大部分的專家都說自己現在很少想到死的事情——絕對沒有年輕時想得多。我在研究中發現，**對死亡的焦慮，會隨著年歲增長而緩和**。然而，我並未預期專家們會表達出這種程度的自在。一些專家們這麼暢談自己的死亡。

九十歲的蘿絲瑪莉．布魯斯特常上教堂，上了一輩子。當被問到「妳相信死後還有來生嗎？」她回答：「我常這麼懷疑，我會想是否真是如此，而我即將找出答案。我不會特別去擔心這件事，因為我遲早會找出真相。」蘿絲瑪莉指出，在步入老年之後，她的想法徹底改變。

你也知道，在年輕時，你一上床就不免想到死亡的事，想著想著，便吶喊：「哦，我的天啊！」或者當你生病時想著：「萬一我一覺不醒怎麼辦？」我再也不會這樣想了。現在我老了，總能平靜地上床。我會想，如果我一覺不醒，我會到更好的地方。這滿好笑的。以前，只要我感覺不舒服，就會害怕得不敢睡覺，但現在不會了。我還沒準備好迎接死亡之類的，但我不再害怕了。我想另一個世界不是空無一物，而且那兒有幾個姊妹正在等我。我一點也不擔心。以前我認為自己絕對無法跟死亡和解，但我辦到了。

我們在這一章一開頭就見過艾德溫娜・艾柏特。她體現了就我所悉專家對於生命盡頭的共同態度：融合了興致、好奇與接納。九十四歲的艾德溫娜為人溫暖、機智，而且心胸開闊。經歷過一場嚴重的擦撞意外和疾病，讓她深深思考了生命的盡頭與它的意義。

那讓我了解了一直有人在追問的問題：為什麼沒有人知道我們會去哪裡？嗯，這個問題一定有答案。但我們永遠不會知道，因為那是一個謎。我想，我對它的了解，不下於世上學識最淵博的人，因為沒有人知道你會發生什麼事。但我非常自在，我不怕死。老實說，接近死亡帶給我巨大的衝擊，我也不會聊這個話題，因為那是非常私密的事。但對此我已大有進步，我的確在想──上帝一定有為我保留什麼，只是我不知道而已。或許在我一百一十歲時，我就會明白了。

但說到死亡，我一點也不害怕。嗯，如果你不去想的話，那是很自然的一件事。萬物都會死。我們會不會回來，或者那裡會發生什麼事，我不知道。但就像在討論時我先生常說的：「如果你上天堂，那有多美妙。但如果你永遠沉眠，又有何妨？」

你可能預料得到，篤信宗教的專家們會發現，在思忖生命的盡頭時，他們的信仰會帶來安慰。他們大都告訴我，他們一點也不怕，因為那就如同「踏過一道門」進入另一個世界而已。瑪莉．克拉克就是典型的例子，八十六歲的她健康情況不佳，但完全不擔心結局。她簡單地說：

我知道我的信仰會帶我去哪裡，我知道當我離開這個世界時，我會往哪裡去。主會召喚我。那或許聽來有點聽天由命，但那就是我們被告知的，以祂的話來說——我們會永遠與祂同在。

其他專家的宗教信仰沒那麼傳統，但仍表示相信生命會延續至死後。八十歲的芙蘿拉．湯波視死亡為新的開始：

對我來說，上帝一直非常重要。對於宗教和宗教儀式，我是三天捕魚、兩天晒網，但在精神上，我是信上帝的。所以，我對生命終了和死後有何想法？我覺得是新的冒險，沒錯，新的冒險。

我不認為我會在天堂和親朋好友團聚。就我所知，天堂可能都是我沒見過的人。那會是一場多棒的冒險啊！

我想去除這種觀念：只有信教的人會隨著年齡增長逐漸擺脫死亡的恐懼。在堅持不信教的專家們當中，我也見到同樣講求實際的自在者。

以楚蒂．休弗納為例，我在她位於紐約市藝術洋溢的住家訪問她。如果世上有所謂的紐約都會型知識分子，那就非楚蒂莫屬了。自知甚詳、善於分析，且人生經驗豐富的楚蒂，一直堅持不信宗教。她告訴我：「我相信自然就是神。我的母親和外婆來自於信仰虔誠的家庭，但我的父親不信宗教，所以我們從小到大都沒有信教。」

但一如蘿絲瑪莉．布魯斯特，楚蒂告訴我，隨著年紀愈來愈大，她對死亡的恐懼產生變化。她解釋說，對死亡的恐慌是「年輕人的遊戲」。

我的意思是，生即是死，死即是生。如果我死了，那就是死了。死亡是我年輕時候在想的事情，「我會怎麼死？我會怎麼失去生命？」就是那種驚恐的感覺。但現在，很多年我都沒有想它了。我知道它不久就會來臨——我八十七歲了，但我一點也不擔心。那就是為什麼我每天晚上都想出去，趁著我還能出去，想做每一件我做得到的事。但我不擔心死亡——甚至連想都不去想，真的。

另一個好例子是七十三歲的約翰・史塔恩斯。他生長在英國勞工階級的家庭裡，是家族中第一個上大學的人。他從小就對科學富有興趣，後來成為知名的研究員。青少年時，約翰開始對宗教失去熱忱：

昨天我真的認真思考了這件事，想想我是什麼時候發現我不信宗教的。我想應該是在十六歲左右吧，那時我有去教會，覺得他們有點虛偽。我對科學和哲學比較有興趣，而我對哲學與科學認識得愈深，就愈少想到宗教。

約翰過著理性的生活，常對事物抱持健康的懷疑，他自認這是實際的世界觀——包含宗教信仰。即便面對威脅生命的疾病，這種世界觀也從未改變。他在十五年前罹患過癌症，幸好治療順利。但最近他有更壞的消息：「不到兩年前，我被診斷出有多發性骨髓瘤（multiple myeloma），這是一種可以迅速奪走生命的疾病。」於是，不同於我們許多人，約翰每天都直接與死亡面對面，但他仍十分平靜而務實地看待這一切。被問及對於老化和生命盡頭的看法時，他告訴我：

我想，你必須接受自己正在老化和接近死亡的事實。我想，如果你可以接受那是即將發生的事，人生就輕鬆多了。身為無神論者，我不期望有來生，不期望上天堂，也不必害怕下地獄。如果真有地獄，我會十分驚訝。所以我覺得，如果你凡事踏踏實實，那會非常有幫助。

或許出乎意料的是（但和其他無宗教信仰的受訪者一致），約翰相信腳踏實地而非期待來世，會有助益且令人放心。

儘管看似不擔心死亡之事，對於生命的盡頭，專家們仍有一個建議要給所有年齡層的朋友——妥善計畫。事實上，當我請教許多長者對死亡和瀕死的看法時，他們最常提及的憂慮，是尚未妥善規畫、留給家人繁重的後事。我學到了這點：**計畫「這段旅程」既是負責任的行為，也是重要的慰藉來源**。

我和泰德及露西・羅文進行了一場特別愉快的訪談。我是在他們位於退休社區的舒適住家中，採訪這對結婚五十七年（泰德表示「和我夢想中的女孩」）的夫婦。他們溫暖親切的款待，讓我帶著微笑離開採訪現場。泰德是神職人員，露西則從事兒童福利工作。他們養育了四名成功的子女，目前在居住的社區相當活躍。在當地教堂有需要的時候，八十四歲的泰德仍會前往傳教。

泰德和露西都還沒為結局做好準備。露西告訴我：「我的父親在九十八歲過世，母親則活到八十九歲。我八十歲了，所以我覺得自己至少還有十多年的生產力。」泰德的工作讓他不得不思考死亡，但他處之泰然：

每隔一陣子，我都會獲邀主持紀念儀式，那代表我必須了解要怎麼頌揚這個人的一生。我總是試著不去強調我們所失去的，而著重於讚頌那段活過的生命。關於我自己的死，我沒有想太多。我想，至少在理論上，我不擔心。我喜歡《羅馬書》（*Paul's Letter to the Romans*）裡一句很簡單的話，保羅說：「如果我們活著，是為主而活，死了，是為主而死。所以，活也好，死也好，我們都是主的人。」那就是你必須了解的意涵。

但他處理生命盡頭的方法，是善加計畫。

我唯一掛懷的事情是要好好整理我的人生，讓人們不必承擔我的後事。我有好多箱的文件和書籍，我想把有關遺囑和財務的事情處理好，這樣當你離開之後，人們就知道該做些什麼了。那是我的首要之務，免除家人的煩惱，但我這麼做也是為了自己——把一切整理妥當。

露西也覺得為生命盡頭做準備能帶來慰藉。

嗯，我把死亡看得很淡，因為我們的委託書和遺囑都立好了。但此刻我們比較擔心我們的東西，你看到我們累積了多少東西嗎？看看那些相本，我相信我的孩子不會想要它們，我要拿它們怎麼辦呢？車庫裡還有泰德的好幾箱講稿呢！我真的是個有規畫的人，很喜歡做這些事。

許多專家都呼應了這個觀念。「整理」所有物品的經驗，成了整理人生贅物的隱喻——把各種物品整理成有意義的整體，而非零零散散、各不相干的部分。我和專家們探討生命盡頭的坦率對話，並未顯露其潛在的恐懼，而是對於「準備未來旅程」的好奇、接納與渴望。一如我們將在第七章看到的，這種對於死亡和來日無多的體認，已創造出人人都可接受的世界觀。

生命功課四・不要「獨享孤寂」、走進社會

我很喜歡約翰・羅伊（John Rowe，醫學博士）和羅伯・康恩（Robert Kahn，美國心理學家）在《活力久久》（*Successful Aging*）中的一段話：[5]

> 人類生來不是為了要過孤獨的生活。電腦迷會說，我們天生的線路連接和基因程式設計，都要藉由與他人互動才能發展，產生作用。說話、觸摸，與他人產生關聯，是我們幸福的要素。不僅孩子和長者如此，我們每個人，從生到死都一樣。

但隨著年齡增長，人們的社交關係也跟著大大不同。有些人直到生命結束前，仍嵌於穩定的社交支援網絡；有些人設法以新的社交連結，取代他們已經失去的重要關係；還有些人無法從失去中恢復，只能暗自承受孤獨寂寞。

研究顯示社交連結性（social connectedness）——有意義的角色和令人滿意的關係——與身心健康息息相關。一項名為「阿拉米達縣研究」（Alameda County Study）的著名研究調查發現，即使考慮到社會階級和健康狀態等因素，缺乏社會連結便可預期長者的死亡。其他研究則發現，社交孤立和寂寞的長者容易出現健康問題，而且較不可能從事有益健康的行為。社會科學家們甚少對一件事的看法如此一致，但在這裡他們英雄所見略同：**多多扮演社會角色，積極參與社交支援網絡，都能促進晚年生活的健康和愉悅**。

所以，問題出在哪裡呢？出在人們於步入中年之初，可能難以繼續投入人際關係和生產性的角色。在人生的旅程中，我們會經歷數次關鍵的過渡時期——退休、失去摯愛、離開待了大半輩子熟悉的地方，這都讓我們更難建立及維持關係。守寡也是一個問題，六十五歲以上的女性，有半數都是孀居。家庭結構也變了，獨居女性的比例大幅攀升（從一九六〇年的二四％左右，到今天的四〇％上下）。

專家們既證明了與他人保持聯繫的重要性，也明白表示這件事知易行難。楚蒂．休弗納非常希望自己八十七歲仍能保持活躍，但問題是，她發現愈來愈難找到有意願的社交伴侶，因為她的朋友不是搬走就是已經過世。

> 我喜愛戲劇，也喜愛爵士和歌舞表演。我有很多興趣，喜歡做很多事情，只是——我最大的問題是沒有足夠的人選，在我空閒時陪我做這些事。我喜歡到外面吃晚餐，我喜歡跳舞。我和一些不

同的朋友做這些事，還參加了話劇社，但人就是不夠。我有一些朋友，但大家都很忙。你知道的，我退休了，我隨時都可以做任何事情。

七十七歲的厄夫·康托比楚蒂年輕且已婚，但他也覺得自己與外界脫節，有時感到孤單。在厄夫的例子裡，人生的過渡時期使孤獨變本加厲。他和妻子決定離開紐約市，搬到新英格蘭郊區。他們搬家是為了離孩子和孫子近一些，但厄夫卻覺得格格不入：「我住紐約住了一輩子，兩地根本天差地別，這裡總讓人覺得很難融入。」

退休讓他的社會連結更加薄弱：「六十幾歲時，我發現自己多多少少與人群脫節了，不知道該如何打發自己有限的時間。」但厄夫知道，重新回到人群、尋求連結對他很重要。「我這個年紀的人必須和其他人維持關係。我們很容易沉溺在自己的舒適區。」

專家們有個共識——從六十歲左右開始，每個人都要注意愈趨孤獨的可能性，採取與人群保持聯繫的步驟。妮可·安布里茲熱中於許多活動，那是刻意的決定，她針對老化的建議也是以此為基礎：

一定要與外界接觸，你不會想要與世隔絕，而這對長者尤其重要。我見過許多住在這附近的長者，也看著他們變老。我剛搬過來時，他們大概六、七十歲，我發現他們變得愈來愈孤單，那樣挺悲哀的。我和先生也可能會發生這種情況，因為我們只有一個女兒，這附近也沒有其他親戚，我們很可能會變成搖椅族。

所以我不在乎你得跳過什麼樣的障礙——你就是得不斷前進。身為老人，你必須投入人群。

要保持投入，專家們一致推薦兩個策略。你可以自行使用，並且和父母或祖父母分享。以下就是如何在年老後創造並保持聯繫的祕訣。

祕訣一：好奇心讓你活著！善用學習機會

對你身邊的世界保持興趣；深入學習你感到好奇的事情，能刺激你的心靈。學習機會也具有社交利益，例如認識新的人，和親友有話題可聊，還能與他人分享知識。現在有許多長者正在上電腦課，以期脫離「電腦文盲」的行列，便於和他人聯繫。他們會使用電子郵件，加入網路支援團體，參與聊天室或留言板。幾乎每天都有為長者架設的新網站，促進有關健康、人際關係及退休等資訊的交流。大學和長青中心（senior centers，編按：為協助社區長者就近學習，二〇二三年教育部已在全台各地設置超過三百個「樂齡學習中心」）也為長者們，提供了許多進修教育的選擇。

一位專家特別對我提到這點。阿諾．史瓦茲個頭嬌小，戴著厚重眼鏡，需要靠助步器才能走動。我在紐約一家長青中心的餐廳採訪他。乍看之下，阿諾頗為虛弱，但他卻有一種淘氣的特質——顯而易見的特質（「我喜歡四處胡鬧，」他告訴我：「我在這裡很受歡迎呢！」）。

旁人很容易忘記他已經高齡九十五了。阿諾是希特勒統治德國時的難民；說著一口流利的英語，帶著淡淡的德國腔。他的婚姻幸福，有一個兒子。雖然生理受限，但他仍會開車。阿諾和他的妻子兩人住在自己家裡。我問阿諾長保快樂的祕密。

我會說，幫助我的是好奇心。我一直對人、形形色色的人深感興趣。我會和德國納粹黨人、共產黨員，和猶太復國主義者（Zionists）說話。我的好奇心豐富了我的生命，像電腦就是一個好例子。那時我已經快九十歲了，原本不想碰電腦的，但後來它挑起了我的好奇心。我不想在沒有學會電腦前死去。所以如果有人問我，就算年事已高，我也會說，去弄部電腦吧──但如果你有個能教你的孫子，事情會變得容易許多！

在整個採訪過程中，阿諾對於認識他人的興趣以及發展新關係的熱忱，一直綻放光芒。他對我的生平和我的工作也有很多問題想問。結束訪談時，他露出詭祕一笑，對我說：「這場採訪有一點讓我深感遺憾──我沒辦法貫徹我的意志，開始採訪你。我很想看看你會做何反應。下一次換我問你問題！」

祕訣二：有意識地設定保持聯繫的目標

專家們建議我們要設定明確的目標。比方說，人們可以找出社區裡哪些地方有提供他們過去喜歡的活動。另外，許多維持龐大社交網絡的專家，都是刻意這麼做的，他們為自己規畫行程，這樣就不會脫離人群了。

艾波・史騰在丈夫過世後，刻意營造更積極的社交生活，她也建議其他人應該這麼做。

> 我已經了解，生命中有人陪伴是多麼重要。我也試著規畫生活，以便每天都能見到某個人。我學會在事前計畫，這是先生還在世時我從來不會做的事。以前我們喜歡把周末空下來，兩個人出去走走。現在我不喜歡這樣，所以如果到了星期三，我看到周末還一片空白，我就會設法填滿它，或者至少找點事情做，我知道那對我十分重要。

同樣地，珊蒂・哈金斯曾經擔心自己太過離群索居，所以決定採取行動。

> 我一個人住。我有兩個小孩，一個住在喬治亞（Georgia），一個住在德州（Texas），所以我成了獨居老人。我們常聊天，但我知道自己必須出門和人們閒聊，所以我給自己定下一個方針：接受每一個邀請。無論是什麼樣的邀請，只要說「好、好、好」就對了。我想不想出去並不重要，我會說：「好，我一定去。」

專家們坦承，保持聯繫是一大挑戰，而**避免孤獨需要的是積極，甚至是獨斷的方法**。亨利・大衛堅稱，融入社群是可以學習、也必須學習的事：

　　我的課題是這樣的：學習與人交際，跟你身邊的人好好相處——不要嚴厲批評他們。沒錯，每個人都有長處和短處，但請保持友善。享受他們的陪伴，適切地和人們分享你的經驗。他們有時也很孤單，需要別人的支持。我碰巧住在一個居民大都是保守共和黨員的地區，他們之間有些很棒的人，我一直在學習（笑）。我可是自由派的民主黨人呢——好個異議分子啊！

類似這種有意識、有計畫，與老朋友保持聯繫，以及建立新友誼的努力，不只是專家們這種年齡層可以採取的策略。他們建議，每個人都應該體認**我們的社交網絡可能會在中年萎縮，因此不妨採取這類保持聯繫的步驟**。要持續融入人群，他們推薦一個重要的方法——保持客觀和接受學習機會。同樣重要的是，積極保持聯繫，維繫老交情並建立新友誼。

生命功課五．事先計畫你及父母的老年生活

還不到六十歲的讀者，請千萬不要跳過這堂課！理由如下：你們很多人都有年事漸高、而可能

會有照護需求的父母（或祖父母）。

我們從研究中得知一件事：人們極不願意為未來預作準備。許多長者都覺得未來的人生會跟過去一樣，他們可以獨立生活到忽然撒手人寰為止。如同我們在這一章的前文所見，那是不可能的事。人們會開始感覺到受限制，長久而言，事先仔細規畫的人會過得比較好，所以你必須讀讀這一段——即便只是給長輩的建議都好。

針對家人和老化的主題，我已經做了非常長時間的研究，因而常被問到有什麼建議可以給長輩。問題差不多都是這種起頭：「我的父母開始出現健康問題，愈來愈遠離人群。他們住在大到難以自行照料的房子裡。家裡每個人都知道悲劇即將發生，比如誰摔斷了髖關節，然後不得不搬家。他們為什麼不能理性一點，考慮搬到能獲得支援的居住環境呢？」

我只能這樣回答每一個問話的人，就是我真的不知道。我本身就遇過一些寧可飽受不安全、孤獨與不便之苦，也要待在自己家裡，而不肯搬進任何型態的老年生活社區的長者——就算搬家的利遠大於弊。我曾半開玩笑地考慮要寫一本名為《叛逆父母》的書，來描述成年子女常有的感覺——父母在需要為將來做打算時，就是不肯採取理性的作為。

九十二歲的伊達．蒙森繼續過著非常活躍的生活。但她親眼目睹，多數人無法自力維生的時候遲早會來。她的建議是，及早計畫老了以後要住在哪裡。很多人都會碰到的一個問題是，他們總是在出現重大的健康問題後才決定搬遷，這時他們已經沒有多少選擇了。伊達主張，預作準備不僅對自己好，也能造福你所愛的人。

在變老的過程中，有件事情非做不可——你必須做決定、做準備。如果一切準備就緒，人生的每個階段都會很不錯。唯有在你完全沒有為下一個階段做準備時，它才會變得令人不知所措。變老之後，特別重要的一件事是，選擇你希望安享晚年的地方。人們往往拖得太久才做成這個決定，所以，請選擇你會覺得愉快滿足，並能獲得一切你所需要的先進照護的地方。早點選好，一旦超過某個時間點，你就很難做決定了。

我的家人也發生過這種事。我的爸爸和繼母住在佛羅里達鄉間，我們希望把他們送到一個能獲得更好照顧的地方，所以帶他們參觀了很多地點，他們總是說：「噢，那裡很不錯，但不適合我們。」後來，當他們真正需要時，已經來不及做決定了。一旦你來不及做決定，只好任由別人插手，然後你會一肚子不高興。所以我們選了自己要住的地方，而當我們搬進一個支援性社區時，我們還夠年輕，因此它成了我們真正的家。我們可以進行各式各樣的活動，把生命花在有意義的事物上，而我們的孩子永遠不必擔心該拿我們怎麼辦。

關於人們為什麼不預先計畫搬去能獲得較多支援的居住環境，即使那樣做能大幅提升生活品質，我有數種假設。首先，美國社會重視獨立精神。許多人奮鬥一輩子，只為了擁有自己的家，而那正是自主的有力象徵。有研究顯示，大家十分在意隱私，並且認為住進養老中心，隱私權將會被侵犯。這點對專家們這種年紀的人尤其真確，他們基本上都是在婚後離開父母的家，撫養自己的家庭（與嬰兒潮世代不同，很多嬰兒潮世代的人從青少年開始就過著團體生活）。這些都會助長這個令人遺憾的偏見，不該搬離自個兒的家，進駐老年社區——就算那樣能讓你活得更好。

社區有很多種，從完全獨立到有人協助（提供餐飲與服務）的住所都有。老年生活社區，不應與護理之家（現在幾乎只限於服務重病而無自理能力者）混為一談。全美各地的老年生活選擇繁多，因此多數人應該都能找到符合活動程度、生活方式，和健康與社交需求的地點。

大約有一百五十位專家們是住在某種型態的老年生活社區，他們每個人幾乎都這麼說，離開家裡到那個地方，是他們這輩子做過最棒的決定。的確，很多人一開始很抗拒，但他們發現，待在一個支持性的環境，真的能賦予他們更多自由，從事有意義的活動，或是開拓有意義的關係。養老中心能為日常生活提供強而有力的支援，使它成為值得變老的重要課題之一。

許多專家將這次搬家視為重要的開展機會，並且能照顧到隨老化而生的種種限制。七十七歲的艾德華．霍蘭夫婦就在搬進退休社區後體認到這點：

> 我們在餐廳用餐，所以一天至少會和其他人在一起兩次。我本來不知道自己有多想念與人為伴的樂趣；和他們同在一起，分享所有你感興趣的活動。我們每天早上都做運動，有益身體，也有助於聊天。各種不同的愛好都有小團體，有撞球房，每天早上都有撞球好手齊聚一堂，還有橋藝社。我參加這裡的寫作社團，那真的令人興高采烈。你可以在這裡找到具有挑戰性的事物，無論是在社交、智力或體能方面。

朗恩．霍頓也極為獨立，他不確定自己是否會喜歡老年社區。現年九十歲的他是在南達科他（South Dakota）西部一個「貧窮的農場」長大，他從事過多種職業，新聞記者、財務管理，最後自己開了公司。朗恩在一九八五年退休，和妻子一起度過多年非常充實的生活。「我們喜歡相互作伴，我們忙著自己的嗜好，還到一些地方旅行。」他若有所思地說：「我們可說是在歡笑中度過五十七個年頭。她很幽默，我想我也是。」

朗恩的妻子在數年前過世。他開始罹患嚴重的關節炎，引發平衡及行動上的問題，還曾摔倒過好幾次，於是他決定搬進養老中心。他一開始很抗拒，但一搬進去，他的想法便徹底轉變。朗恩回顧了稍早的生活經驗以便說明，為什麼這次搬遷會對他如此有益：

我記得我曾經在蒙大拿（Montana）一個小社區裡銷售共同基金，那個鎮上有很多寡婦。有一天，我問傳教士這裡為什麼會有那麼多寡婦，他說：「噢，那些都是農場經營者。他們努力工作，開闢農場。他們讓所有的孩子參與，然後把農場交給男孩，他們便搬到鎮上來。妻子們都繼續工作，洗碗、料理家務等。先生們都無事可做，所以他們便凋零了、去世了。」

因此我會說，你需要過生活。去找事情做做，像是照照相啦。噢，要有事情可以期待。我每天都有事可以期待，比如，我打算去上繪畫課，我一直都很想上。這個養老中心辦得不錯。有時我早上起床，覺得頗為疏離和憂鬱。但當我穿好衣服，下樓吃早餐後，回來就不憂鬱了。

對於已經歷過渡時期的人來說，他們的首要課題之一就是：養老中心可能是適合長者的理想環境。這種環境非但不會削弱獨立自主，而且恰恰相反。如果你的父母還在觀望，請試著讓他們看看這裡提供的例子。這或許能刺激他們做出一個不僅對他們有好處，也能大大緩和家人不安與壓力的決定。

練習・放棄抵抗老化

我們的文化恐懼年老。我們會刻意迴避長者，就像我們會壓抑對自身老化的覺悟一樣。這麼做是有風險的，因為多數人在年過六十之後，還會活二十、三十，甚至四十年。專家告訴我們，人生要想過得充實豐富，就得增進對自身老化的體認。否認是大敵，這樣就不能為將來的日子做打算，進而漫無意義地恐懼一個可能永遠不會成真的負面未來。這一章的五堂課，便著眼於對變老的體認與調適。

本章備忘錄如下：

一、**變老，遠比你想像的好**。不要浪費時間去擔心變老的事，變老可能意味著機會、冒險與成長，把它視為探索，而非終點。

二、**假設你需要你的身體一百年**。不要再拿「我不在乎能活多久」當作生活習慣不良的藉口了。諸如抽菸、飲食習慣不佳，和久坐不動等行為，不會輕易賜你早死，而會使你蒙受數年甚至是數十年的慢性病。

三、**別擔心死亡**。別花太多時間煩惱這件事，專家們建議你，要詳加計畫人生最後的旅程。

四、**不要與外界失聯**。認真看待中年以後的社交孤立威脅，透過新的學習機會及人際關係，和人群保持聯繫。

五、**事先計畫你（以及你的父母）要在哪裡生活**。別讓恐懼和偏見嚇住你或你的長輩，而不考慮搬到老年生活社區。這次的搬家通常不會限制他們的自由，反而能開啟提高生活品質的機會。

這些課題的基礎是專家教給我的一個普遍性原則──忘了對抗老化這件事吧！除非你過去十年都住在防空洞，否則你一定難以逃離「抗老化藥物」廣告的狂轟濫炸。「醫美文化」正如雨後春筍般地出現，希望能改造你的臉孔和身體，進而擊敗老化過程。化妝品公司也加入戰局，讓電視頻道充滿各種號稱能還你青春面貌的商品廣告。

對於以上種種，專家們說：「忘了吧！」他們一而再、再而三地告訴我，關於老化的終極課題就是：「不要抗拒它。」他們鼓勵我們接受老化過程，調整我們的活動，來適應正在改變的體能與環境。社會老年病學家為這個過程創造了一個名詞：「有報償的選擇性樂觀」（selective optimization with compensation）。不怕變老的人會選擇他們最珍視的活動，樂觀看待他們的收穫。所謂「報償」，指的是人們能繼續從事喜歡的活動，但他們必須視目前的能力加以調整。這是與對抗老化過程截然不同的概念。

克雷頓．葛林諾以跑步做為比方：

你會習慣的。你知道，如果你不能跑這麼快了，那就放慢點，但還是要跑。盡你所能地，接受或許會遇到限制的事實，只要把它想成：「嗯，至少我可以做到這麼多。」並試著稍微延展極限，這樣你就有持之以恆的動力了。

許多專家都用爬山做為適應老化的例子（其實這既是實例，也是比喻），且以現年七十一歲、非常睿智的普莉絲卡．萊納爾斯的話做為結語：

我一直熱愛爬山。大概在五年前，我上了阿第倫達克（Adirondacks），爬我最愛的山。四個朋友與我同行。我們來自全國各地，在那裡會合。我們沒辦法像從前那樣，但我們還是慢慢地、慢慢地走上去。

但大概在五年前，我被診斷出心臟有問題，再也不能攀爬高山了，那座山也是其中之一。我試著用以前的方式走，很開心、很興奮，但我沒辦法攻頂。我得停下來，對此我又氣又惱。我叫朋友繼續走，自己哭著走下來。我收拾好行李，打道回府。

後來，花了一些時間思考所發生的事情之後，我看到了自己的選擇：一、不接受我身上發生的事，整天氣呼呼的；二、想出其他讓我仍能上山的辦法。我得學會妥協，所以我每年都回去，去征服我能爬得動的山，它們都不是太高的山，但我也已經不太年輕了。

專家們絕對不輕言放棄。他們跑步、爬山，不靠什麼花招或昂貴的醫療來對抗老化。他們接受事實，並且自我調適。這是營造充實感而非挫折感的好方法，也是每個正在變老的人（也就是我們每一個人）該學會的事。

Chapter 6 人生無悔

無法重啟的人生，
你敢直視每個人的眼睛嗎？

吉楚德・陶爾斯，七十六歲

記得，你只有一次機會遊歷人生。別幹蠢事，以免親手摧毀自己。要持盈保泰，謹慎小心。你現在做的事，一輩子都會記得。

你會因為事情發生而永遠感到快樂或後悔。一個去參加高中同學會的朋友告訴我：「最棒的莫過於我敢直視每一個人的眼睛，並且感到驕傲，毫無懊悔或尷尬。」在你打算去做某件可能會令你後悔的事情之前，請三思而後行。

***　***　***

法國傳奇女歌手伊迪絲・琵雅芙（Edith Piaf）寫了一首舉世聞名的歌曲，〈不，我一點都不後悔〉（Non, je ne regrette rien）。她在歌詞中強調自己毫不後悔，因為她生命中的一切「都償還了、抹去了或遺忘了」。

能夠抱持這種態度固然很好，但我們大都會在人生歷程中感到懊悔。這些遺憾通常是日常生活中的小事情。

我們但願自己沒吃第三根義大利臘腸、沒有對某個同事大呼小叫，或是沒忘記在引擎冒煙前去換油。我們經常「買了就後悔」，我同樣犯過這樣的錯誤。我和十來歲的女兒一起去選購汽車，最後開著一輛看起來很炫，但不舒適、不可靠，又不省油的車子回家。這一類的事後追悔一直在發生，而我們通常悶悶不樂一陣子就會將之拋在腦後。

但人們也可能為數十年前所做的決定困擾一輩子。有幾部最深刻、最發人深省的電影，主角被神奇地賜予第二次改正錯誤，或把想說而沒說的話說出口的機會，例如賺人熱淚的電影《第六感生死戀》（*Ghost*）和《靈異第六感》（*The Sixth Sense*）。這些沉痛的「悔不當初」之所以格外椎心刺骨，是因為我們覺得無能為力——不像好萊塢的劇情，沒有時光機讓我們回到過去，改變歷史。

就算經過這麼多年，我們也很難跟自責妥協，那些錯過的機會、傷人的舉動，或沒說出口的重要話語。沒有人說得比詩人約翰．葛林雷夫．惠提爾（John Greenleaf Whittier）更好了：「在所有可用唇舌或筆墨表達的悲傷話語中，最悲傷的莫過於：『但願能重來！』」

我們大都希望人生了無悔恨。如果我們知道怎麼做，我們一定會密切注意自己的選擇和行為，不要在一切已經太遲時才後悔。聽了一千位長者反省他們的人生，我深深相信，就算我們無法消除悔恨，年輕人也可以採取一些步驟，將懊悔減至最低。

基於總計他們八萬多年的生活經驗，對於你可能後悔什麼、又可能對什麼感到驕傲，這群專家是可靠的嚮導。在訪談時，我對一件事情特別感興趣：年輕人現在可以有什麼具體的作為，來避免將來後悔？從數百個小時的面談中，我汲取了五個如何過「無悔人生」的課題。了解這些最資深的長者心目中最大的懊悔，以及如何加以預防，可幫助你在今天做對決定，以免日後嘆息：「但願能重來！」

生命功課一・誠實，讓你獲得自己和他人

抱歉，這話聽來像在說教。但我希望你特別准許我說這些話，因為我並不是從我的經驗和觀點來說教。促成這本書的長者，不約而同（且熱情澎湃）地針對「無悔人生」開出這個處方，因此我是在宣揚他們的理念。要避免在日後追悔莫及，請不斷重複這兩個字：「誠實。」

這種美德深深烙印在長者的世界觀，深刻到在他們看來是不證自明的事情。在被問到「你身體力行的最重要價值觀或原則有哪些」時，幾乎每個專家都提到了「誠實」「一定要誠實」或「實話實說，別欺騙任何人」。對七十歲以上的人來說，誠實是無可爭辯的核心價值，從小就被灌進骨子裡。但那也是一個務實課題的關鍵——一個許多長者備嘗艱辛才學會的課題：避免後悔。

八十三歲的亞尼．霍夫曼給我們的忠告就是典型的一例：

> 誠實是能引領你過完後半生的最重要價值。我覺得誠實代表一切。如果你對自己誠實，你就會對妻子和家人誠實。如果你對身邊所有的人誠實，無論發生什麼事，當你清晨醒來都可以對著鏡子裡的自己說：「我問心無愧。」換句話說，如果你誠實，就會做出對的決定。

就他們的誠實觀而言，專家並未留下太多轉圜空間。沒錯，有些專家表示「善意的小謊言」或

許偶爾無關緊要（例如在面對「這條褲子會讓我顯得更胖嗎？」之類毫無勝算的問題時）。不過，他們建議——一致的程度令我驚訝——我們應無條件地誠實，講求誠信，做一個別人可以信賴的人。如果不這麼做，我們以後一定會後悔。誠實的處方通常無條件限定。我沒有聽過「必要時請誠實」或「某種程度要誠實」的說法。這些長者們視此為無條件的處方——誠實是首要之務。八十六歲的亞瑟．摩法特透過父親的經歷學到這個課題：

> 這絕對是最基本的：誠實是上上之策。家父經營一家服飾店，當你沿著主街走來，就會見到這個標語：「不二價，童叟無欺」。簡單，但言簡意賅。換句話說，他們公平、公正地對待進門的客人。在某些店，看見客人是第一次來，店裡就會開出高價，如果他是朋友，就會得到比較好的價格。父親的店不會這樣——每個人都以同樣方式對待。因此，如果你想要把人生過得簡單，避免落入圈套，這就是基本原則：「不二價，童叟無欺」，你要公平公正地對待每個人。

「公平公正」不再是我們常用的語彙，但對專家那個年紀的人士來說，卻是非常重要的語彙。他們是和「公平交易」（square deal）的概念一起長大的——這個詞源於木匠業，原指沒有奇怪稜角的真正方塊。專家主張，當你公正、誠實地對待他人時，你對自己的感覺就會很好。

而人一旦違反這個鐵律，專家告訴我，那鐵定會後悔。或許不是馬上，但長者跟我們保證，當你步入人生第八個十年，你一定會回頭悲嘆當初自己不誠實的行徑，以及曾經遇到的騙局。我學到，不誠實的影響非常深遠。

針對誠實這個主題，有一次的討論給我的印象尤其深刻。那是在一連進行多場訪談漫長的一天結束前，夕陽斜斜地穿過窗子，灑進尤金．厄恩哈特位於一家安養機構的房間。

尤金是一位高瘦、英俊的八十歲男士，有一頭剪短的灰髮。雖然健康情況欠佳，他看起來仍比實際年齡少十歲。中風的後遺症使他說話斷斷續續，因此花了好一會時間，才跟我說完他最重要的人生課題。他說得非常激動，不得不數度停下來緩和情緒。但最後，得知或許有人將受惠於他的經驗，他如釋重負。尤金參與過韓戰，退役後則從事製造業。他的事業需要時常遷徙、出差頻繁。這些旅行與他始終無法克服的一個終生悔恨密不可分。他告訴我：

聽著，這很重要，人……人該重視忠誠。這方面我是世界上最糟糕的一個，因為我是個不忠的丈夫，而對此我很後悔。我想原因出在我的工作要在全國各地跑來跑去。而我真的很想強調，忠誠對婚姻有多重要。那是如果可以，我要重新來過的事情。噢，一定要的！我真是白痴。

她是很棒的妻子，我再怎麼補償她也補償不了。就連到最後，我也不忠實。從來就不忠誠。我很難開口說這些，有時真的為此憂鬱。但請告訴人們：「不要到處亂跑，做我做過的那種事。」忠實是人們應該堅守的最重要原則之一。

同樣的原則也適用於職場的誠實。拉瑞．韓德利就在工作時遭到背叛。一個不誠實的主管陷害他，讓他遭到資遣，因為他希望將拉瑞的業務版圖分配給其他員工。數十年後，這次經歷依然令他心痛。「你知道那種感覺，你是那麼相信、那麼信任一個人，卻發現他的言行完全不一致。」那次背叛讓他花費更多心力在職場的誠實上，他也因為誠實待人而獲得滿足，甚至於感到快樂。

在你的生活和工作中，最重要的事情就是誠實坦率。別跟你的客人誇大其詞，要老老實實地對待他們。很多時候，當顧客以為他們想買某種產品時，我會說：「這個嘛，我不知道那個適不適合你。」你會覺得——這樣我怎麼做生意！但這種態度反而能產生效果。我向我的姪子、姪女和每個人再三強調，一定要誠實坦率地過日子。這樣你就不必擔心東窗事發或被人瞧不起。你可以心平氣和地對自己說，你已經說了實話。這是值得高興的事情，真的。

尤其悔不當初的是曾在職場上不擇手段的人。有些專家承認他們曾在工作上不誠實，因而付出慘痛的心理代價。喬丹．威瑟就是個好例子。

我在新英格蘭一座整修過的農舍寬敞、舒適的客廳採訪喬丹。我們一邊啜飲咖啡，一邊看著窗外如畫的初春景致。現年七十七歲的喬丹，是典型白手起家的男人。他在布魯克林（Brooklyn）長大，高中時輟學從軍，後來成為成功的企業家。就像許多我採訪過的生意人，他指出，引人不擇手段賺取更大獲利的誘惑一直存在。他自己就受到誘惑，但某一次他「見不得人」的嘗試完全治癒了他，也讓誠實成為他人生最重要的課題。

我告訴你事情的經過你就會了解。我參與一項進口生意，所以我們很想做一些黑暗的勾當。我們不想把貨直接送進美國，因為稅率高得多，所以我們把貨運到第三國，讓他們貼上他們的標籤——該國的標籤，再直接運進美國，這樣稅率會低得多。所以這是欺騙。當然美國海關也聽到風聲，開始注意。沒錯，我們闖關成功，我非常幸運，這規模不大，也不算真正的詐欺，但那是在規避法律，而你不該做這種事。

此後我就沒再做過類似的事情，因為那不值得。你絕對不想夜半醒來說：「萬一這發生了怎麼辦？萬一那發生了怎麼辦？」相信我，絕對不值得為了錢做不誠實的勾當，那會毀了你。

如果放任想像力自由飄蕩，你或許可以舉出上千種價值和原則，來創造無悔的人生。想想童子軍守則：忠誠、助人、友善、快樂、節約等。但從這一長串推薦的美德之中，有一點一直被提及：一定要誠實。要不要誠實由你決定，但如果你選擇忽略，可別說他們沒警告過你！

生命功課二・幫敲門的「機會」打開門

我們全都遇過以最狹隘的眼光看待人生的那種人。他們堅守自己的陣地，被圍在辦公室或小隔間之中，下定決心待在小範圍的舒適區。我曾見過有人因為怕花太多時間或負擔太重，而不肯升遷，或因為自己「不是愛冒險的那種人」，而放棄派駐海外一、二年的機會；或盡可能避免公開報告，因為那會讓他們緊張或添加太多麻煩。人們會畫地自限，連被要求踏出一步都會惹來埋怨。

專家的看法呢？這種人生態度是天大的錯誤。他們建議把握每個機會、接受每個新挑戰，盡可能說「要」。**最多人提到工作方面最大的遺憾，都是機會來敲門，而他們卻始終緊閉門扉的時候**。據長者的說法，你在事業上可獲得最大的報酬，就是「做更多事」的機會。

七十三歲的喬伊．薛魯特讓我深切了解這個課題。一如其他許多大蕭條時代的小孩，喬伊童年生活貧困。他的父親在紡織廠工作，高中沒有念完。喬伊自小便培養出強烈的職業道德，以及優秀的理財頭腦。在就讀一所常春藤聯盟的學校後（他是家族中第一個上大學的人），他成了工程師兼企業家，終其事業生涯都未離開企業領導位置。

六十多歲時，他成了一家創業育成中心的領導人，後來轉往一所名聲卓著的大學擔任講師，指導企管碩士班學生有關企業家精神的課程。所以，這裡我們有個真正見多識廣的資訊來源：一個白手起家的發達企業家，也是轉化人生經驗、培育商科菁英學生的長者。他最重要的課題是什麼？——說「要」！

我所學到能讓你獲益無窮的課題是說「要」，除非你有真正合理的理由說「不」。而綜觀我的工作生涯，我沒有說過「不」字。我答應承擔事情。事情不見得都很有趣，但通常會帶來有趣的事情。如果機會來了，而你說「要」，十之八九都不會後悔。

這個原則適用於工作，適用於志願服務，適用於所有人們說「你想做這個嗎？」的情境。嗯，有何不可？如果你說「不，我不想嘗試任何新的事物」，人生會變得多麼無趣。我們也不該因為認定自己條件不符就退縮。我可以想到很多我原本以為自己不夠格的事，但如果別人夠格，請聽聽他們的建議，自己嘗試看看。你可以學習。或者用很多辦法彌補不足。

所以，如果你是那種會說「不行，我做不到」或「我不想做那件事」的人，你會錯過許多人生帶給你的東西。人生是一場冒險，但要有所收穫，你必須向事情說「要」。

專家們表示，很多人的轉捩點都是在做了明確的選擇時出現。這個選擇並不是你可能想到的「我該留下來還是離開？」而往往是有關在工作上嘗試新事物的決定——受訓的機會、承擔新責任的提案，進入陌生領域的機緣。可能性很多，但專家對這點意見一致：說「要」。在工作方面，對事業生涯最滿意的專家，都說他們做了一個決定——原本很想說不要，而且待在原來的跑道會比較舒適、比較沒有風險，但他們最後決定放手一搏。

雪莉．唐納森從基層做起，最後負責一項大型社會服務計畫。她贊成對機會說「要」的概念，就算那看來風險不小。

你必須敞開心胸，接受新的機會。我還記得離開第一份工作的時候，另一家經銷商的主管跟我說：「妳為什麼不應徵這個職務？」我說：「因為你們的應徵條件要求五年經驗。」我不認為自己合乎資格，並且打算說不。我記得他說：「這個我們會處理啦！」我獲得面試的機會，進而獲得那份工作。如果你習慣迴避風險，你就不會得到這種新契機。

用詩的形式教課的老師並不多見，但我們先前照過面的亞伯特．佛森令人充滿驚奇。他當了一輩子的農夫，但也開創過幾個成功的副業。他在通往成功的路上遇過多次挫敗，不是員工擔心受怕的資遣或裁員，而是令農人煩憂苦惱的危難——災難性的氣候和火災。他從自在愜意的半退休狀態的制高點，回想他的經歷，敘述道：

我過了很棒的一生，福星高照，病魔絕緣。但如果要我提出什麼撼動地球的建言，我的確有一件事可說。有天晚上我沒睡好，做了個夢。早上醒來後，我寫了首詩。我不認為自己是詩人，但我把它寫了下來，印給每個孫子一人一份。讓我念給你聽。

他吸了口氣，大聲念出來。他的詩是這樣的：

如果你們問我：「爺爺，
我從這兒要往哪裡去？」

我要怎麼回答？
該告訴你賽跑的樂趣，
還是煩惱，痛苦和恐懼？
你是否有勇氣接受人生交給你的，
試煉，困難以及揮汗如雨？
然後當牌面不利於你時，
把賭注加倍，東山再起？

然後亞伯特解釋道：

這首詩是這樣來的。家父以前很愛玩牌，玩一點「星期一晚上」的撲克，贏多輸少。我說：「你是怎麼贏的？」他說：「我輸的時候，就會把賭注加倍。」我和內人都聽從了這個建議。一天晚上我們醒來，發現天空是紅色的。原來是我們的棚屋失火了。我們失去了整間包裝廠和一些溫室。事後我們整理現場，清除殘骸，重建時我把它蓋成原來的兩倍長。父親過來問我：「你在幹什麼？」我說：「是你要我把賭注加倍的啊！」

那就是我們一直在做的事。一次，我們被一場冰雹徹底摧毀。我的意思是，每一片玻璃都被打破。我們再次重建，建得比之前更大、更完備。還有一年冬天我們遇到不尋常的大風雪。隔天早上我們的溫室被夷為平地，什麼也沒剩，所以我們又重建了，又把它建得更大。那就是我試圖透過那首詩傳達的。不管怎麼說，要我念我的詩，我還是有點不好意思，但那多多少少總結了我們經營人生的方式。

我的訪談清楚顯示，**願意在關鍵時刻承擔風險的專家，就是回首工作生涯時最心滿意足的專家**。對許多最成功的長者而言，這種「說『要』」的態度就是他們最重要的工作原則。而對其他人來說，事實證明，錯失的機會正是他們生命接近尾聲時，一個重大的後悔來源。

這正是人人都要面對的「存在的兩難」。我們無法同時走兩條路。在某些時候我們必須做決定，而就我們的工作生涯而言，不做決定其實也是一種決定。詩人羅伯特·佛羅斯特（Robert Frost）以美麗的旅人意象——旅人在「黃色樹林岔出兩條路」的時候不得不做決定——來詮釋這樣的選擇。一如佛羅斯特的旅人，我們最終必須選擇一條路，並承擔其後果：「我選擇比較少人走的那一條／結果便截然不同。」

我在回想兩場訪問之間的鮮明對比時，想到這首詩。將這兩位長者的人生並列來看，我們便很容易聚焦於對機會說「要」或「不要」的影響。一條是危機四伏而通往成就感的路；另一條是謹慎小心而通往後悔的路。

羅德·哈里森和文森·摩里斯之間有相當多共同點。兩個都住在大型東岸城市，背景相仿，年紀差不了幾歲，同樣維繫了長久的婚姻。他們都上過聲望頗高的大學，對藝術有濃厚的興趣（羅德熱愛音樂，文森喜歡寫作）。但在一九五〇年代時，兩人都發現自己被困在中階職務。我從羅德身上學到一個重要的課題：他建議年輕人，要以「自己不做的事情」為基礎來選擇工作。他的人生故事與文森的故事呈現驚人的對比。一個說要，一個說不要，而結果因此天差地別。

現年八十歲的羅德興趣廣泛，但我發現他在討論工作生涯時帶著淡淡的憂傷，彷彿有什麼一直不順心。

我一輩子都待在同一家公司。起初我決定，一定要準時下班。我親眼見證一個事實。他們會獎勵你在公司的年資——滿五年、十年、十五年、二十年、二十五年，你都會得到資深員工的獎勵。而當我進公司第一年期間，一位資深高級主管過來慶祝某位課長的任職三十周年紀念。課長拄著拐杖，蹣跚地走出他的辦公室，而高級主管臉色難看極了，有人說：「噢，他幾個月前才心臟病發。」然後，另一位資深高級主管走出另一間辦公室，身體看來也很虛弱。於是我想：「我的天啊，這家公司會毀了你的健康。」當下我就決定不可以讓這件事發生在我身上。我幾乎每天都在該下班時離開，也不會特地在晚上晃來晃去以便給誰留下印象。

雖然沒有投入太大心力，羅德仍當上經理，算是小有成就，這也讓他得以存夠錢早早退休。雖然對其退休配套方案感到滿意，羅德仍後悔他的工作生涯一成不變，始終沒有對職務產生熱情和使命感。

如果一切可以重來，我一定不會進那間公司。在那家公司，我從未真正相信過自己，從未真正相信自己比共事的人優秀。在那種競爭激烈得有如狗咬狗的公司，你沒辦法相信那些事。我不會主動爭取想要的東西，我絕對不做那種事。我讓自己多少有點擔心受怕。我會這樣建議進入職場的年輕人：「站起來大聲嚷嚷。」我自己沒這樣做過。我太靦腆、太謙讓了。我想你們不必對自己那麼嚴厲，我真的對自己太嚴厲了。

儘管我靠那份工作賺到不少錢，但如果能夠重來，我或許不會走一樣的路。對我來說，音樂比什麼都重要。我會想，就算沒辦法當演員或音樂家——或許沒辦法當指揮，或許可以，我不曉得。但我很想從事將音樂呈現在大眾眼前的事業，我很想投入藝術到那種程度。

跟羅德討論完不久，我採訪了七十七歲的文森。有些專家需要「暖機」一下才能敞開心胸，斷斷續續地分享他們的建言。文森則不然，他仔細思考過的人生哲學，不斷浮現在完整、優美且流暢的句子中。我是在他位於紐約上東城、裡頭滿滿都是書的住家和他碰面。對於年老以及年老帶給他的得失，文森的態度非常正面：「你更自由了，」他說：「比你想像你可以獲得的自由還自由！」

文森的事業路徑和羅德走的路南轅北轍。如前文提到的，這兩個男人在背景及最初就業選擇上皆十分相近，但文森經歷了一個轉捩點。他，在那個時刻，說了「要」。

如果你夠幸運——而我非常幸運——你會找到既是你心中嚮往、又是你能力所及的職業。三十二歲時，我決定放棄不太成功的商業那條路，選擇了較順利的作家一途。這個改變非常棒，因為我可以靠自己做得開心的事情來謀生，很少、很少人有這種機會。你非嘗試不可。

但文森差點一輩子從商，無緣度過作家的充實人生。他喜歡劇情千變萬化，而對他來說，那個決定就繫在人生一個特別的時刻。

我太太到死也不會承認，但這全是她的錯。那時我們坐在沙灘上。我們已經有了一個小孩，而還有一個，我想就快要來臨。浪花襲來，我在這個詩情畫意的環境對她說：「嘿，我真的好想當作家哦。我主修英文，本來就可以當作家。我一直都很想，而現在我真的好想試試看。」然後我說：「我等到這麼晚，三十二歲了，才做這種決定。我知道我需要資歷，我會去雜誌社工作。我們或許會有很長一段時間只吃得起豆子和麵包，或許是永遠。但你知道，我不想在四十歲的時候回過頭說：『但願當初我有改變的勇氣。』」

而蘿拉跟我說：「你為什麼那麼久才下定決心？」於是，我知道自己多年前邂逅、而有幸墜入愛河和娶回家的年輕女孩，真的是個卓然出眾又獨立勇敢的女性。

文森轉任作家後一切順利；他寫傳記、故事、演說稿，「人們希望你把概念化為文字的任何東西，我就寫那些。我做這個很久了。我到現在還喜歡拿張白紙，亂寫一通把它填滿。那很有趣。」他教給我們的課題是——**不要陷在你缺乏熱情的事物上**。

二、三十歲的人們會因為物質報酬可觀，而困在他們不喜歡的職業。當你四、五十歲時，我想一些比較聰慧的人們會改變想法。我相信你的思考必須超越自己及物質的顧慮。我稱此為「渺小人類症候群」。你走到海邊，坐在沙灘上，看著潮來潮往，而海浪說：「渺小的人類，你是怎麼啦？抬頭看，北斗七星才不在乎你在摩根大通（J. P. Morgan）工作賺了多少錢，那一點也不重要。」

我被這兩場面訪深深打動，它們構成一個鏡像：兩條路線，兩種選擇。一條通往實現人生的充實感，另一條則通往可能怎樣而沒怎樣的失落感。關鍵的差異是在正確的時機說「要」，願意承擔那個決定的風險和財務方面的後果。

生命功課三．拿起包包，展開你的旅行

每一場訪問，我都會請專家們談談他們的童年——在哪裡長大，過著怎樣的生活。傾聽他們早年的經歷，我十分訝異他們的「土生土長」。他們在全美不同地方、不同文化背景中成長，但普遍具

有一個共通點：他們的童年世界很小、很安定，且穩穩待在某個地區。來自於美國農村的人，或許在十八歲以前完全（或幾乎）沒有離開過居住的鄉村；都市小孩也一樣——鄰里街坊構成他們生活的邊界。

事實上，對一些專家來說，從他們居住的波蘭區冒險前往義大利區的一家餐廳，就是一趟異國之旅了！誠如一位九十歲長者所說：「如果你和我一樣在堪薩斯（Kansas）的鄉下長大，那麼你認識的所有人都是來自堪薩斯鄉下。」

對許多男人來說，一切都在二次大戰期間變了，他們被派往只在教室地球儀見過的遙遠地方——法國、北非、澳洲、夏威夷。水手造訪了彷彿從童話故事搬出來的港口。一而再、再而三，這些現年八、九十歲的男人頻頻一臉驚愕地搖頭，回想當時突然離開德州農村、明尼蘇達（Minnesota）小鎮或史泰登島（Staten Island）的勞工階級區，被送往世界各地的情景。

八十七歲的查克・丹科就驚嘆道：

> 我參與過二次世界大戰。你周遊世界，遇到與你大相逕庭的人。我被派往太平洋，所以我曾和新幾內亞的原住民說話。比較年輕的時候，我會膽怯得不敢接近他們。首先語言不通，每件事都要比手畫腳——你得試著描述想表達的事情。但他們是世上最美的人，他們也為我們盡心盡力。現在回過頭來看，那段經歷教了我許多。世界真的很大。

大戰之後，在男人及女人眼中，世界都變大了。電視的發明將外國的景象帶入人們家裡，更平易近人的空中交通讓中產階級也能遠赴國外旅遊（請記得，即便到一九六〇年時，仍只有極小比例的人口搭過飛機）。對一些專家來說，旅行成了一種狂熱，他們紛紛探索美國和世界其他地方。其他專家的旅程則比較短，也沒那麼頻繁。但我學到，無論他們是遊歷過數十個國家，或始終待在一個地方，專家們有一個共通點：希望能到更多地方旅行。

與專家的訪談，讓我明白了「旅行」在生命盡頭的深刻意義。以一句話總結我學到的課題：當這趟旅途落幕，你會希望還有下一趟旅行。在滔滔不絕地敘述完所有旅行的經歷後，我往往會聽到長者抑鬱地說：「但我一直希望我去過……。」

專家之中的「最狂熱旅人獎」要頒給李．法瑞爾，他現年九十七歲了，但也只是慢下來一點點而已。他從一九三〇年代開啟旅遊生涯，展開環遊世界的首次行程。當時旅行並不容易，而他花了半年時間，一個人遊遍全球。「所以我冒險過很多次，面臨過很多危險的情況，其中好幾次差點在中國丟了性命。我想我學到了一件事情，就是把握機會，合理的機會，就是這樣。你必須具備一點冒險性格。」

李的六十五歲妻子同樣有冒險精神，陪他四度環遊世界，其中一度在拉丁美洲長途跋涉期間出了意外，而被空運救出。雖未表明旅行的日子已經宣告結束，但李坦承他現在有點不良於行。但沒有人——包括像李這樣的世界旅遊家——會就此滿足：「我還想看很多地方，想去很多地方。」

關於旅行，專家要給年輕人一個特別的訊息——現在就去。根據露絲．赫姆的說法，她認識心裡帶著最多遺憾的長者，就是一直推遲旅行直到太遲的長者。若非她的先生，她也差點犯了這樣的錯。

先生教會我這堂課，因為他熱愛旅行，但我沒有那麼熱中。我不太情願。我說：「等我們年紀大點再去啦。」但他相當堅持，他告訴我：「不，現在就去。誰知道我們老了以後還能不能去。」所以我們幾乎遊遍全世界。我們去了歐洲，去了亞洲。噢，我好愛旅行啊！真的，你可能會生病，可能會死——所以現在就去吧。如果可以，在不傷害財務或社會、家庭生活的前提下，盡可能趁年輕多多旅行吧！

七十六歲的瑪瑟拉．約塞福是另一個十分慶幸能夠盡量出遊的專家。年輕時的她沒什麼機會旅行，婚後也一直待在家鄉附近。由於丈夫剛換新工作，連蜜月都不可能。所幸，透過仔細的規畫，這對夫婦在提早退休後彌補了這個缺憾。

那些不肯退休、繼續工作到精疲力竭的人，實在沒什麼道理。我和先生都在五十多歲就退休了。我們想要旅行，並且真的到過美國和加拿大的每一州、每一省，也去過歐洲。在孩子大學畢業後，我們小心存錢，為旅行做準備。我們一有機會就去旅行，直到後來先生生病了，我們再也無法出遊為止。我很高興在能力所及時那麼做了！我喜歡旅行的每一刻，而正因我們曾經四處旅行，讓我了無遺憾。

所以這裡有一個明確的機會，可讓你避免日後追悔莫及——趁你還有時間、身體還能負荷，以及身邊還有你最愛的旅遊夥伴時，去旅行吧！這個訊息來自於幾位一再延後旅行、以至於太遲的專家們。八十六歲的貝蒂娜．葛洛夫，在漫長訪談的絕大部分時間裡，快快樂樂地未表露出埋怨或懊悔。但她一輩子都待在住家附近，當她簡單地告訴我下面這些話時，眼中卻掩藏不住哀愁，「我一直想去夏威夷，但從來沒去。噢，已經太晚了。」

八十一歲的傑克．巴塔爾，在退休後失去了罹癌的妻子琳恩。他確實一個人去了一些地方旅行，但他明白自己等了太久，一切已經太遲：

我們一直想退休後可以去很多地方旅行，但當琳恩過世，一切都太遲了。我自己去旅行了兩、三次，覺得還不錯，但一個人旅行沒那麼有趣。在我搭巴士穿越加拿大落磯山脈時，我情不自禁地轉頭跟她說話——我一個人坐在座位上，景色好美，我好想告訴琳恩，「妳看那光、那色彩、那道光芒。」但她當然不在那裡。我好想在旅途中跟她分享點點滴滴，但我們等得太久了。

你可能會說：「旅行固然不錯，但我們怎麼負擔得起？」專家們不認同這種說法，他們指出旅行會帶來豐厚的收穫，因此重要性應凌駕於年輕人花錢去做的其他事情。專家們相信，旅行對年輕人特別有益，因為它能拓展視野，幫助他們找到生活重心，並以新的方式挑戰他們的觀點。

七十八歲的唐娜．洛芙琳，歸納了專家賦予旅行的高度重視，「如果你必須在整修廚房與旅行之中擇一——這個嘛，我會說，選擇旅行！趁年輕時趕快去旅行，這時你的健康允許你去做那些年紀大了便做不來的事。至於那些物質的東西，你可以再等等。」

當然，絕對不只有年輕人才能旅行。雖然專家也很務實地表示，年紀愈大，便愈難承受旅行的艱苦。一些專家直到年紀大了仍竭盡所能，不斷地探索這個世界，就足以證明旅行的重要。在生命的盡頭，旅行能帶來一種感覺——彷彿人生過得充實、圓滿。

唐娜．洛芙琳就表現出這種決心。「旅行太重要了。我還在旅行，就算我很容易跌倒，也是跌在俄羅斯，跌在義大利。」她大笑起來，「有個朋友希望我去德國。呵，如果有必要，我很樂意在德國摔倒！」

蘿絲瑪莉深刻體認旅行的重要，因此極盡一切近乎英勇的努力，好讓她和丈夫能展開他們想要的行程。他病得很厲害，但那阻止不了他們。她告訴我：「嘿，那八年他持續在洗腎，而我們沒有停止旅行。只要把夜晚當成白天過就好了。」我想聽她多說一些。

> 我晚上起床幫他做透析，因為你不會想在路上做。我們去了薩克斯其萬（Saskatchewan），去了不列顛哥倫比亞（British Columbia），去了紐奧良（New Orleans），走遍全美各地，因為我可以事先把他的東西送到美國任何地方。這不容易，但我們仍不斷旅行，因為我們想在一起，而他不想因為生病就錯過那麼多東西。況且我們已經存了旅遊基金，所以不會坐失良機。
>
> 我們準備了靜脈注射架和所有東西，搭乘巴士旅行時，等每個人下車後，我們就把它關掉、更

換。我們能去美國和加拿大的任何地方。

比起這些例子，你不去旅行的任何藉口都相形失色。所以，列一張表，寫下你想去看看、想參與的所有地方和行程，然後把它跟你預期能舒舒服服地旅行的時間相比（如果你是特例，很可能有九十年；如果你是平凡人，除了巴士旅遊之外，大約需要八十年）。你可能很幸運，但為什麼要冒險呢？擬定計畫，看看你要如何趁能力所及時達成心願。因為以專家的角度來看，當人們來到壽命最後的十幾、二十年時，他們很可能會後悔當初沒有去更多地方旅行。這是你該實踐「今日事今日畢」這句格言之處。

生命功課四・人類最重要的決定——選伴侶

世上合乎條件的伴侶少說有數百萬人，我們最後卻只託付給其中一個，並決定與他或她共度今生。頗為神奇，不是嗎？對於像我這種《紐約時報》（*New York Times*）婚姻版的忠實讀者來說，通往「我願意」的途徑，看來和夫妻本身一樣多元。人們透過工作、玩樂、相親認識，在酒吧、同學會、愈來愈普遍的網路上邂逅。多數人都是在極大的可能性中、找到唯一特別對象的事實，帶給我們一種宿命感，社會科學家溫和地稱之為「擇偶過程」。

專家們一致同意一件事：這或許是人類所做最重要的決定。不過，回顧自己的經歷，也觀察其他許多人的情況，他們的看法是——我們都不夠小心。他們認為，人們會傾向做出以下三件高風險、甚至具災難性的事情。

第一、他們可能陷入熱戀，立刻託付終身，像羅密歐與朱麗葉那樣（然後再看結果會怎樣）。第二、他們可能（特別是到三十幾歲還未成家者）出於絕望而投入婚姻，因為怕遇不到更好的人。第三、他們可能在選擇或理由皆不明確時，便隨波逐流走入家庭（我有一個撲克牌友在一場牌局中冷淡地宣布，他要跟女友結婚了，因為他覺得時候好像到了。幸好他還滿擅長吹牛的！）。

專家們極力反對這幾條結婚之路。無論是衝動行事、「狗急跳牆」或「未能免俗」，他們的建議都是停、看、聽。質疑你的決定，質疑再質疑。否則你很可能會悔不當初。

你或許也預料到，那些經歷過失敗婚姻的專家，給了我們一些非常強而有力、支持等待與精挑細選的證詞。其中不少專家都結了第二次婚，也對於大敗之後的「修正」倍感滿意。這些長者大都將婚姻失敗歸咎於沒有在婚前付出足夠的時間與心力，去深入了解他們的伴侶。這就是他們一再呼籲我們一定要避免的——別結錯婚。七十八歲的菲莉絲．摩頓直言：「嫁錯人還不如不要嫁。我和我先生都結過一次婚，我們都經由那次的經驗來學習這門課。我們都學會了，所以現在很快樂。」

凱斯．庫恩建議：

在未深入了解彼此之前，不要躁進。這是年輕朋友步入婚姻時，經常會遇到的陷阱。當你處於浪漫的熱戀期，你會一直想展現最好的一面，所以我們會說些認為對方想聽的話。這非常危險，但人們老是這麼做。

「浪漫熱戀期」的潛在危險是專家們常發出的警語。另一位離過婚而再婚幸福的專家，八十四歲的莎拉．帕莫這麼說：

嗯，人不見得跟他們外表看起來一樣。如果你到婚後才真正認識對方，那是非常糟糕的事。我的前夫，我原本以為他想要的跟我一樣，後來才發現他根本不知道我要什麼，我也完全不知道他要什麼。原來我們想要的事情完全不一樣，就像白天與黑夜。這是個天大的錯誤，但那時我深愛著他，什麼也看不見，而那是非常嚴重的問題。

針對如何擁有幸福婚姻的問題，亨利．大衛毫不猶豫地回答：「仔細選擇。」他告訴我，現在多花點時間，是預防將來後悔的保單：

我想，我要提供給年輕人的訓諭是這個：要非常、非常仔細地選擇終身伴侶，眼光要超越眼前的地平線，盡可能地放眼未來。務必了解，你的人生會遭遇許多挑戰，而你正在考慮的這個人，正是你希望未來能和你一起面對問題的那個人。我沒有做得很好，所以我想把這個建議傳遞給年輕的朋友們。要非常謹慎地尋找終身伴侶，甚至拒絕一些你認為也許很好的人也無妨。不過，當然要委婉啦！

凱特．狄．瓊恩熱切地談到她的生活過得有多愉快。首先，她喜歡現在居住的中西部小鎮：「我愛死這裡了！這絕對是我想得到最棒的地方。」七十五歲的她，過著充實的社交生活。「我很幸福，能擁有這麼多可愛的朋友和健康的身體。這些當然都是我幸福的泉源。我也想盡可能回饋社會。我喜歡擔任志工，只因為我知道那也是天賜給我的禮物。」

但是隨著訪談繼續進行，凱特也坦然提到她最後悔的事：沒有更謹慎地選擇另一半，這個決定使她的成年生活蒙上一層陰影。凱特的父母在她小時候就離婚了，這在她成長的一九四〇年代初期非常罕見。「那時沒有人離婚，我的母親始終抱著極盡屈辱和怨恨的感覺過日子。雖然她並未表現得很明顯，但我知道離婚這件事讓她非常、非常難受。」凱特的故事有很大一部分來自於她的童年經歷，她下定決心：自己一定不可以離婚。

但很可惜，她選錯了人，此後便深受這個選擇所困擾。凱特雖然找到了調適的方法，但五十年來，也只能坐困一段不幸福的婚姻。

說到我對這段婚姻的看法，我會說它是一段難熬、非常難熬的歷程，而部分是因為我自己決定堅持下去。我不想離婚。我的先生活在他自己的世界裡，我在他的生活中似乎沒有多少分量，所以我另外發展了自己的生活。我們住在一起，但我絕不會稱我們的關係是幸福的婚姻。我想，溝通是最大的障礙。我愛說話，但他不愛，他無法表達他的情感。原因何在？我不知道，從來不知道，或許永遠也不會知道。

凱特要傳達的訊息相當明確：花時間在婚前了解某人，可以避免好幾年，甚至數十年的艱困日子。所以，無論你是準備展開第一段婚姻的年輕人，或是考慮找「第二春」的中年人，都有防止後悔的黃金機會。

九十一歲的傑夫．貝勒告訴我：「當你以為你找到真正的人生伴侶時，請再想一次，想第三次，盡可能考慮清楚再踏入婚姻。要比考慮其他決定更審慎、更仔細地研究這件事，衡量選擇，尤其要檢驗你的動機。如果你是基於錯誤的理由做這件事，那你就有充分的理由等下去。」

生命功課五．「把花送給生者」，有話現在就說

在日常生活中，人們常後悔他們脫口而出的話。我們控制不了脾氣，把別人當成出氣筒，事後才懊悔口不擇言。或者我們也用電子郵件轉寄過下流的笑話，然後耿耿於懷（這年頭，那則笑話

一、二分鐘就能傳遍全世界）。不過，若說到深切、長久的懊悔，專家反而將矛頭指向沒說出口的話。來自人生下半場的觀點如下——如果你有話想跟某人說，趁還來得及的時候說出口。

專家會這麼強調這個課題，有些是因為他們很開心來得及把話說出口，有些則是因為深深懊悔一切都已太遲。七十二歲的拉夫．維立茲以一句充滿智慧的箴言支持這個論點：「把花送給活著的人。死者永遠見不到花。」他為無悔人生制定的規則是——**現在就去做**。

> 告訴人們，把花送給活著的人。因為在他們逝去後，還有什麼送花的理由？如果你打算這麼做，現在就去做。不要等到下星期才送花給活著的人，因為到時候對方可能已不在人間。如果你對誰有嫌隙，何不現在就把話說清楚呢？現在就說吧，因為或許沒有下一次機會了，誰曉得呢？所以，你現在可以做什麼就去做吧。

有一個有趣的矛盾是——人們最常後悔在他們的親密關係中，有事情沒說出口，而我們往往認為那應該是最容易溝通的關係。專家們明白（有時太晚）婚姻會被歸到「理所當然」的轄區，感覺被想當然地認定，而未加以表達。而那正是一些結婚很久的專家深感遺憾的源頭。

八十九歲的葛洛夫．塞克斯深愛妻子，在她過世幾年後仍倍感哀慟。他人生沒有太多遺憾，但有一個遺憾特別明顯：

溝通是婚姻中一件很重要的事。我們兩個人，或許都沒有真正徹底地表達過自己，但我覺得這很重要。現在回過頭來看，一切應該可以更好。我們有一段不錯但遲來的婚姻。她是正確的選擇，是的沒錯，但要是我們能加強溝通就更好了。她得了罕見疾病，醫生告訴她，留在醫院透過輸血及種種醫療照護，可以讓她多活一些時間；或者我們可以帶她回家，而她頂多只能再活一個月。她決定選擇後者。

最後，她只活了兩個星期。啊，我好後悔——我們沒有多聊聊……什麼也沒講。我好想告訴她，她是唯一讓我真正想娶的女人。我想那時候我們都不怎麼願意再討論其他事情了。她生性淡泊而堅毅，不想談論什麼，而我也很確定自己不想多談。那太糟糕了。你知道嗎？為此，我痛苦了好久。

每隔一段時間，就會有一場訪談讓我感動得流下眼淚。八十一歲的哈爾．菲普斯是善於鼓舞人心的受訪者，腦中充滿人生的智慧，而且表達得又仔細又清楚。哈爾深愛妻子，歷經五十五年的婚姻後，至今仍為她三年前的過世而悲傷。當被問及關於結婚及如何維繫婚姻，年輕人應避免犯下哪些錯誤時，他回答：「呃，總之我犯了一個大錯，而這讓我難以啟齒……。」

他突然中斷，哭了起來。但他堅持，即使這會令他心痛，他仍然希望自己學到的教訓能收錄於這本書中。

讓我後悔莫及的，是我沒有告訴她我有多愛她。直到失去她之後，我才真正了解自己有多愛她。所以我想告訴人們，要表達自己的情感，她和我都是那種會壓抑情感的人。我不想說我把她視為理所當然，但我確實將那些情感視為理所當然。現在回想起來，我知道假如我不是那樣，我們一定會過得更美滿。我想，她或許也有同樣的感覺。

為什麼就連最親密的兩個人，也難以在還來得及以前說出該說的話呢？或許是出於自負，人類與生俱來的自制；或者正因關係親密，反而對某些話題無法開誠布公。相對於抱憾終生的專家，來得及把該說的話說出口的長者，無不滿懷感激。而往往那只是簡單的一句——「我愛你」。

八十一歲的丹尼斯．塞澤告訴我，在他的婚姻裡，「實在很難對我的妻子瑪約麗說『我愛妳』之類的話。我恨自己這樣，但不知怎麼地，那話就是說不出口。」而瑪約麗住院是個轉捩點：

她病得很厲害。要動手術時，我陪她進醫院。手術後的第一個晚上，我有事去不了，但我的女兒去了。然後女兒跟我說：「爸，你得去看媽。她一直在問你人在哪裡。」所以我去了，一看到他們對她做的事，我馬上流下眼淚，悲不可抑。於是，我決定要她明白我有多在乎，透過言語，也透過行動。那就是那種會讓你了解什麼重要、什麼不重要的經驗。

露絲．赫姆在一場墜機意外中，失去了她念大學的女兒。在和我討論成年子女時，她微笑地告訴我：「你永遠不會放手的，放不了手。你就是希望他們一切都好，你知道嗎？而有件事我們一直都在做，每當我們掛電話時，我們都會說：『我愛你。』我很高興我們這麼做，因為當我跟女兒道別時，我跟她說的最後一句話就是『我愛妳』。」

當你成長到某個年紀，幾乎每個人都有「但願來得及說（或問）的話」，我才不過五十多歲就有這種經驗。對我來說，與其說我希望說了什麼，不如說是我問了什麼。我的母親和父親都是獨生子女，所以我處於一個不常見、完全沒有叔叔、舅舅、姑姑、阿姨和堂表兄弟姊妹的情況，沒有其他人能告訴我有關家族的歷史。我的心裡常有問題跑出來，比如，為什麼父親會選擇當個生化學家？或者，大學主修英文與戲劇的母親，究竟怎麼會變成他的研究生？我有好多問題，我願意付出任何代價換取發問的機會——但來不及了。

有些遺憾是有可能重來或有第二次機會的，例如未接受更多教育或遊歷不夠等未實現的目標，這些都可以到人生後期再補足。但是，**留下要緊的事情沒說或沒問，從祈求原諒到說「我愛你」，在那個人去世後就無法改變了**。因此，最簡單的行動——對話——是預防後悔的絕佳策略。

練習．學會寬恕自己

人生晚期的遺憾令人心痛，所以現在就透過行動加以避免是有道理的。本章的五堂課提供了相當實用的理性生活祕訣，無論你是否擔心將來會有後悔莫及的事情。被問及可以給年輕人什麼樣的忠告時，許多專家建議：「遠離麻煩！」這些著重誠實、謹慎做出重大人生決定，以及找尋使命感的課題，都為我們指點出遠離麻煩的方向。減少後悔的備忘錄如下：

一、**一定要誠實**。避免不誠實的行為，勿以惡小而為之。如果處事不夠光明正大，多數人將在下半輩子悔恨交加。

二、**向機會說「要」**。在面臨新的選擇和挑戰時，說「要」，你比較不可能後悔；若是拒絕，你可能會抱憾終生。

三、**想旅行，請即刻出發**。盡可能多去旅行，如有必要，寧可犧牲別的事情。回顧從前，多數人會將旅行冒險（無論大小）視為人生的精華，而遺憾未能前往更多地方。

四、**慎選伴侶**。關鍵是不要倉促決定，該花多少時間就花多少時間了解你的準伴侶，並判斷長久而言你們是否適合彼此。

五、**有話請現在就說**。如果未能趁一切來得及時表達自己的想法，最後只能悲傷地呢喃「但願能重來」。別相信「心靈感應」（ghost whisperer），你唯一能傾訴最深刻情感的時機，就是對方還健在時。

這一章聚焦於如何無悔過一生。現在我們已來到尾聲。我想要分享一個祕密：「無悔過一生」這話有點誇張了。我相信，了無遺憾的人生是個值得奮鬥的目標，可在每一天幫助我們做出更好的決定。但專家們還知道一件事，對絕大多數人來說，這個目標是不切實際的，所以他們還有一個課題要教你——**如果犯了錯，或做了錯誤的決定，請寬容地對待自己**。不會反省自身作為的人，或許這輩子還沒有接受過許多機會（這真的是值得後悔的一件事）。重點在於，我們要不要讓這些判斷錯誤變成悔恨。

八十五歲的艾莉絲・羅塞托鼓勵我們練習接納自己，做為克服後悔的方式。

我從自己所犯的錯誤中學到，你無法改變已經發生的事。你必須接受自己，不論美醜。這對我頗為困難，因為我的成長背景告訴我，只要你不斷加倍努力嘗試，一定可以把事情做好，做到完美。我花了好些時間，才接受事情未必會那樣運作的事實。事情是不是那樣運作，其實沒有關係，重點在於接納自己。

一旦做了某個決定或開啟某個方向，頻頻回首或放馬後砲，是哪裡也到不了的。很久以前，有人教了我這件事——如果你已經買了一雙鞋，就不要再看下一個櫥窗裡的鞋子。

六十九歲的瑪莉蓮・史提弗勒，勸我們更寬厚地對待自己，不要為久遠以前的行為感到歉疚。

你應該寬以待人，但也要試著寬以待己。

我成長在一個對成果有許多憂慮和許多期望、還有很多罪惡感的家庭。但隨著年紀漸長，很重要的一點是善待自己，同時欣賞自己。因為人們都對自己太苛刻了，試著不要對自己有太多評判，放輕鬆——別太苛責自己。

最睿智的長者一致同意關於後悔的最後一課：當你長到他們的年紀時，你終究必須學會原諒自己。如果某個選擇或決定在多年以後仍然困擾著我們，我們的長者容許我們放輕鬆，寬恕自己。我建議，就坦然接受他們的美意吧！

Chapter 7 快樂無悔

不要為了打翻的牛奶哭泣！向他們學「活著」

珍・希里亞德，九十歲

爸媽在我十三歲時離婚，場面難看而激烈，而媽媽、姊姊和我自此蒙受嚴峻的財務困頓。校園生活對我相當重要，我很失望沒能繼續念到大學。二次世界大戰影響、也改變了每個人的人生。我們真的以為要靠戰爭來終結所有的戰爭，那是多麼慘痛的教訓。

我的先生在一九五二年過世後，留下的悲傷與艱困，我無論在情感或財務上都無力承擔。現在回想起來，我實在不知道我們是怎麼活過來的。但我晚年的生活輕鬆多了，因為我學會感恩我所擁有的，也不再悲悼我所沒有或做不到的。說「謝謝」，便能讓我想起自己幸運的事，那有很多很多。當我回首人生，學到最重要的事情，就是這些了。

我小得恰恰好的家，帶給我舒適感與安全感。能夠自力更生，照顧自己，一直是媽媽給我的遺愛。她沒有在生活艱困時放棄，我也試著不放棄。悲傷、哀慟和失望很難忍受，但我及時了解，那裡往往有課題值得學習，而回憶更讓我得以懷念已經不在的摯愛。

媽媽告訴我，不要為了「打翻的牛奶」哭泣。如果你弄得一團糟，清理乾淨就是了。如果你弄壞了，就去修理。如果你犯了錯，就去改正。她也教我信守承諾，做個可靠的人，不要遲到而耽誤別人的時間，借用物品要馬上歸還。如果我們都學會尊重彼此，尊重彼此的隱私和差異，以及最重要的，不要主觀論斷，世界一定會變得更好。

人生並不公平。我認為伸直雙臂，一手向上、抓住願意拉你一把的人；一手向下、對需要的人伸出援手，是很重要的事。有些日子，需要一步步緩慢前行，掙扎穿越，但有些日子會充滿歡樂，每一刻都值得慶祝。

我不得不過著簡單的生活，但最後我也了解，這才是對我最好的生活方式。了解什麼已經足夠，不要超過本分濫用地球資源，了解需要與想要之間的差異，享受讓壞掉的東西可以重新使用的樂趣，並學習珍惜簡單的快樂，都讓我的人生更加滿足、更少煩憂。快樂並非取決於我們擁有多少，而是基於個人技藝的嫻熟、幽默感、知識的獲得、性格的精進、感謝的表達、幫助他人的成就感、交友的樂趣、家人的安慰，以及愛的喜樂。

***　***　***

如你在前面二十五堂課題中所讀到的，你或許不免驚訝，雖然主題各異，長者的忠告卻有根本的連貫性。一如交響樂的樂旨（motif）會反覆出現，在專家給我們的人生建議中，也會一直見到某些要旨的蹤影。這些世界觀會一再冒出來，無論討論的是什麼話題。比方說，你或許已經注意到他們常強調時間和善用時間的重要，而他們對人性脆弱的深刻了解，對親密關係與坦誠溝通的重視，以及誠實扮演的角色，都在他們的講述中歷歷可見。

這麼多年下來，仔細研究專家對這個問題：「你在人生旅程中學到最重要的課題有哪些？」的回應，已讓我獲益良多。在我看來，他們共同經歷的重大歷史和個人事件，以及目前處於人生終點的位置，顯然創造出一種普遍的人生觀點。其中當然有許多個別差異，但投入數百次訪問後，我開始相信，長者們擁有一種共同的世界觀，可幫助我們改變人生。我相信，只要我們學會像專家那樣思考，一定受益無窮。

這一章的五堂課就將運用這個涵蓋本書所有主題的世界觀——支持長者智慧的概念性架構。我在其中發現了專家充分利用人生的五大基本原則。

生命功課一・不拖延！明天也將變昨天

專家觀點的核心，特別和年輕人的思維明顯不同之處，都與時間有關。對七十歲以上的長者來說，時間非常重要；那是他們賴以游泳的大海，而他們對時間的認知，形塑了他們在本書提供的每一堂課。有一樣東西是長者擁有，而年輕人欠缺的——對於「每個人生命有限」的深刻體認，一種存在主義式的體認。對我們其他人來說，問題在於：我們可以如何運用這份知識？

當然，我們很可能在年輕時就察覺人生苦短，例如在某個大學同學驟逝時。但我們通常不會相信，因為我們剩下的年華看似近乎無窮無盡，根本不必擔心。到中年時，我們開始了解自己是時間的產物，但仍能找得到多種否定的方式，從第二（三）春到效忠健康食品，或是從玻尿酸到健身房裡強而有力的訓練。

但人生會有那麼一個點（我想大概在七十歲左右吧），讓人們恍然大悟，原來我們屬於時間。我們會發展出心理學家所稱的「有限時間地平線」（limited time horizon）——這對社會科學家來說極富詩意，讓人聯想到太陽從地球邊緣落下的情景。我們的專家則使用形形色色的措辭和比喻，來分享這個根本事實：人生短促。

有時候，人們有非常重要的話要說，他們「打從骨子裡」知道那是千真萬確的事，卻會發現難以甚至得不到任何人的關注。這常發生在青少年身上。你試著要他們相信你從人生經驗得知的某個事實——非常簡單的論點，比如加倍用功或許會得到更好的成績。我們大都見過那種自以為是的眼神或滾動的眼珠，傳達著：「噢，是啊，但我比你知道。」這簡直跟把食指插入耳朵裡，高唱著：「我沒有在聽！」沒啥兩樣。而在這堂課上，專家是成人，我們是青少年。

從七十歲以上的制高點，長者們在強調這個訊息時，同時流露了挫折感與急迫感。對一些專家來說，這個啟示來得十分突然；而對其他專家來說，這個真相是慢慢爬上心頭。但從結尾回頭看，幾乎每個人都覺得生命流逝的速度令人屏息——年紀最長的最驚訝。看著年輕人這樣揮霍時光，他們就像沙漠部落的族人，驚慌地瞪著我們毫無節制地用水。

六十八歲的喬丹．陳告訴我：

> 啊，我已經了解，當他們告訴你生命短暫，那就是他們的本意，而且這是事實。這六十八年過

得非常、非常快，彷彿昨天我才從高中畢業，而那已經是五十年前的事了。我認為很多人還沒準備好接受塵世人生轉瞬即逝的事實，但這千真萬確。

九十九歲的艾希・費斯特證實了這點：

真的——時間過得好快，我簡直不敢相信。年紀愈大，時間過得愈快，不知不覺已經一百歲了。

長者告訴我們，總有一天我們會站在他們現在所站的位置，而我們也會說：「時光飛逝之快實在太驚人了！」他們希望我們現在就能明白這個不可避免的事實。不是要打擊我們，而是幫助我們在如何運用時間方面，做出更好的選擇。這不是什麼新的概念；關於這點傳統智慧已經闡述了數千年。聖歌作者說得明白：「求祢教導我們怎麼數算日子，好叫我們得著智慧的心。」專家知道這個嚴酷現實有多麼容易被忘卻、被壓抑。他們建議我們現在就開始「算日子」，才能做出最睿智的選擇——怎麼運用我們非常有限的時間，以及如何充分利用每一天。

年輕人的問題在於對此認知採取行動的「技巧」。如果我們在抵達終點時都會深刻體認到生命短暫，那我們應該怎麼做。每當有朋友英年早逝時，我已逐漸習慣人們的「有感而發」，這憾事如何使他們想「停下來聞聞花香」、慢下腳步等。但不出幾天，他們似乎又重回原本忙亂的生活方式，一點改變也沒有。九十四歲的喬・巴諾，指出年輕人有多不容易記得他們有限的人生歲月：

一開始，日子會緩慢滾動。沒有人會遙望前方，心想：「噢，當我六、七十歲時怎樣怎樣。」但你終究會到達那裡——每個人都會。沒有人會被排除在外。每個人都會知道，活到九十歲是什麼情況。相信我，那來得如此之快，快到我無法理解，快到我不知道它已經發生了。

基於他們對「有限人生歲月」的認知——無論你能活多久，人生仍然短促，專家為所有年齡層的人們開出一帖特別的人生處方。他們相信，年輕人可立刻在自己的人生實行這種生活方式。「人生短促」的故事寓意如下：善用你被賜予的每一天。長者是刻意用這種語法：他們欲藉此暗示，**將每一天視為一份禮物**，把它當成禮物來對待。

一句拉丁格言已為世人普遍應用：「活在當下」（carpe diem）。這句藉由電影《春風化雨》（*Dead Poets Society*）一炮而紅的話，通常被譯為「抓住這一天」。不過，「carpe diem」的拉丁文原意其實是「收割」這一天。專家們正是因此意涵而為這句話背書——每一天都有豐富而未收割的愉悅、樂趣、愛與美，許多年輕人都錯失了。專家主張，人類普遍會犯的一大缺失，是未能利用生命的愉悅及關注活著的樂趣。

事實上，有多位專家（包含猶太人及非猶太人）引用《塔木德》（*Talmud*）的經文：「我們必須為所有我們獲准享受卻未享受的樂事負責。」許多長者都親身體會了把握當下的重要，這改變了他們的人生。七十二歲的吉內維夫．波塔斯告訴我：

我一直在學習活在當下。我覺得你要為生命中發生的事情負責。但那可能會讓你這麼想：「我等不及要做……」我一直試著將這句話逐出生命。以前我花了很多年說：「我等不及要生個孩子。」嗯，我忽略了人生最重要的部分，反倒去關注還沒發生的事——而那有可能終究不會發生。後來我發現，比起試圖掌控，放手，反而會讓事情以更令人欣喜的方式出現。

有些專家熱情地教導這個人生課題，因為他們後悔自己當初未能按照「人生苦短」的原則行事。所幸，他們大都及時領悟「抓住這一天」的精神，進而改變他們的生活態度。但他們仍因未能盡早了解「利用我們被賜予的每一天」的真諦而深感遺憾。

我特別珍視八十六歲的貝希．薛曼寄給我的，那封她原本寫給摯愛孫女的信（我們希望她的孫女有放在心上）：

我親愛的女孩：

別太擔心。我們的人生沒有足夠的時間，拿人生在世的黃金交換假如怎樣會怎樣，或假如不怎樣就不怎樣的塵埃。

我還未滿二十歲就開始工作，盡可能省吃儉用。當一位親切的女性告訴我，我應該享受日子，不要成為節儉的奴隸時，我對她的忠告充耳不聞。

當時，我不了解她那句話的含意。雖然我會花錢看戲和欣賞音樂會，但我很清楚，每買一張票，就代表我帳戶的錢會少一些。隨著年歲漸長，我認識和深愛的人陸續過世，我開始明白每一天的每一刻都何其珍貴。儘管如此，煩惱還是不斷啃蝕著我。我必須把事情做對、為我的行為爭取認同和養出堂堂正正的孩子，這些事情壓得我喘不過氣來。

最後，我終於了解，能與所愛的人有親密的連結，才是生命真正的光輝。

有些專家因為失去才明白把握當下的重要性。七十四歲的瑪莉·貝絲·葛萊夏柏告訴我：「我們的兒子在四歲時受了重傷，我認為『生命是禮物』的觀點或許就是從那時候產生的。那就像是從圖書館借的書，該還的時候就要還。這不是說你不必做長期的規畫，而是不要把什麼事都拖到以後。」

八十四歲時，楚蒂·傑佛森的健康問題教導了她：「千萬別以為之後一定有時間完成什麼事，因為未來也將變成昨天。」

不過，儘管是歷經艱辛才學到這個教訓，專家的回應通常仍是洋溢著喜悅。你會聽到如釋重負的嘆息，以及表達「我終於弄清楚了！」的詞句和語氣。專家會勸你更慷慨地利用時間，更熱情地擁抱生命。他們知道每一天都無法重來，所以何不充分利用？七十四歲的薇樂莉·簡金斯用例子闡明了這股熱忱：

我的建議是——凡事都不要拖延太久，因為有些事情就只能在人生某段時間做，其他時間你就無能為力。沒有通往大峽谷底部的輪椅坡道，所以如果你想下去那裡，你必須趁你還能用兩隻腳走路的時候去。

關於這個主題，我最激賞的建言來自七十五歲的哈里特·華格納：「別去葬禮，現在就去見你的朋友。」

我們這樣告訴多位摯友：我們不會參加他們的葬禮，因為我們無法承受。但我們會出席他們邀請我們去的每一場派對，或其他高興的事。我們將接受邀請，因為那會是在堪薩斯或南卡羅萊納（South Carolina）或一些奇怪的地方，而我們的出現會出乎他們意料之外。但我們會去，因為我們熱愛派對。

我們告訴他們：「我們不會來你的葬禮，所以決定現在就來。」他們很開心。他們認為我們瘋了，或許我們真的瘋了，但我們會這麼做。有些朋友也已經開始仿效。

如果我們無法「數算我們的日子」，我們便會冒著等事情發生而非使事情發生的風險，為了未來事件而活，這很可能完全出乎我們的計畫之外。專家要我們努力爭取自己被賜予的快樂，現在就做，並讓這個觀點成為日常習慣。

這種態度就是我們從「人生短促」的認知中獲得的禮物。

生命功課二．快樂是選擇，不是狀態

葛瑞琴．菲爾普斯讓我想起某部烘焙食品廣告裡的老奶奶，有圓圓的五官和一頭綰成圓髻的白髮。深入採訪後我才知道，這位知足而依然活潑的八十九歲長者，是在貧困中成長、經歷過喪偶與喪子，時至今日，關節炎偶爾帶給她一陣一陣的劇痛。但葛瑞琴卻散發出一種和煦、堅強的平靜感，還有絕佳的機智。

被問到她要教給年輕人最重要的課題時，她毫不猶豫地說：「在我這八十九年中，我學到——快樂是種選擇，而非狀態。」而在我感覺起來，那是「原來如此！」的時刻。

我逼著葛瑞琴描述這個概念給我聽。她解釋說，要過充實的人生，一定要在某個時間點掌控自己的快樂。她強調，這不是要你試著取得一切事情的掌控權——說到這裡她笑了——而是**掌控我們對快樂的態度**。「我最好的建議是，為你一輩子的快樂負責。」

事實證明，這個課題是許多專家的共識。八十六歲的葛洛莉亞．瓦奎茲就是體現這種核心見解的典範之一：

> 當我發現，我可以透過自己的選擇遠離那些痛苦的情境時，我頭頂瞬間亮出那顆最大的燈泡。我不必待在痛苦裡，不必承受痛苦，我可以發動變革。這是我人生的轉捩點。

七十五歲的摩・阿吉茲拓展了這個概念：

你不必為所有發生在你身上的事情負責，但你可以完全掌控你對那些事情的態度和反應。如果你覺得煩惱、恐懼或失望，這些感覺是你引起的，必須像雜草一樣挖除。研究它們是從哪裡來，接受它們，然後放它們走。如果你任憑外在壓力決定你的感覺和作為，就等於放棄當你自個兒人生的執行長一職了。

在專家們看來，快樂不是取決於外在事件的被動狀態，也不是我們個性造成的結果——你並非天生快樂，或天生不快樂。相反地，快樂需要有意識的改變觀念——天天都要選擇樂觀而非悲觀，以希望取代破滅，選擇欣然接受歡娛和新體驗的態度，趕走無聊和倦怠。**快樂可經由刻意改變態度來創造，而非等待生命施予援手的無力感**。的確，對許多專家來說，這個觀點既是他們要上的第一課，也是其世界觀的核心。

正如你所想像，許多這個年齡層的人都經歷過年輕人擔心的負面事件。儘管遭遇人生困境，他們仍覺得可以從中找到愉悅、滿足甚至喜樂，這是非常令人振奮的事。長者的集體智慧教我們要「隨遇而安」，適應隨時發生的困難，千萬別忘了感受蘊含於生活之中的喜樂。

八十歲的瑪格麗特・雷諾這麼說：

生命中會發生很多不愉快的事情，而那時你有兩個選擇。你可以悶悶不樂、火冒三丈，或為自己感到難過；也可以若無其事，與人生和平共處。有時你需要頻頻顧影自憐才能繼續過日子，但你愈快掌控它，就愈容易發現，我們還是值得走這一遭的。

因此專家將快樂描述成二選一的決定。一旦有事發生，他們堅決認為，我們的快樂或不快樂都不是被「製造出來」的。相反地，我們可以選擇自己要如何被那件事情影響。八十四歲的克里斯提．賈文主張快樂不會「自己送上門來」；擁抱喜樂必須是有意識的個人方針。

學會怎麼呼吸，往前走。人生處處苦痛，但如果你深陷其中，就無法往前走。我想你必須採取「保持愉悅」的方針。我不認為喜樂和愉快會自己送上門來，而是要由你來創造它們。那是一種「感恩的態度」。這能讓你通過重重苦痛，脫胎換骨般從另一端出來。

聽了專家的解說之後，我決定以「雖不如意也快樂」來形容他們的態度。這個觀點與許多人相反——我稱之為「唯有怎樣才快樂」。盛行於年輕人之間的想法是：「如果……我才會快樂。」空白處可任意填充：如果我減肥成功、找到對象、離婚並找到不同的伴侶、變得健康、變得有錢等。專家相信這種**「唯有怎樣才能快樂」的態度毫無助益，並將無可避免地導致失望**。

現在回顧，我才想起來，這個課題最早是我的小女兒莎拉教我的。那時她才六歲。

當年市面上，有一款洋娃娃設計得令那個年紀的女孩無法抗拒。它有一頭波浪長髮，孩子可用一組特殊的印章在上頭創造圖案。身為中年男子，我實在很難理解，怎麼會有人好幾晚不睡覺，只想用藍色的愛心裝點娃娃粉紅色的頭髮。但對小女兒來說，那個娃娃就是快樂的泉源。嗯，那個大日子來臨了，而我永遠忘不了她玩了十分鐘之後，眼底流露的失望。她轉頭看著我，疑問道：「就這樣？」

心理學研究人員告訴我們，環境的改變——找到好工作、搬到你夢想中的陽光地帶，甚至結婚或者贏得樂透，只能為我們的快樂程度帶來暫時的「激盪」。一般來說，在那段出奇短暫的時間過後，人們就會回到原本的快樂程度。所以，我們著眼的種種「要是怎樣有多好」，頂多只能為我們的快樂帶來短期提升，難以持久。

研究顯示，對於創造長期的心境轉變，環境的變化幾乎毫無效果。

摒棄了年輕人常有的「唯有怎樣才快樂」的觀念，專家有截然不同的想法。他們認為我們不僅能選擇讓自己快樂，也能選擇讓自己每天快樂，就算面臨種種問題，就算缺少我們覺得非常重要的東西。他們相信，就算面臨外在的壓力，甚至悲劇時，每個人都能改變並影響自己的態度。他們主張，**等待外在事件來「使」你快樂，是天大的錯誤**。長輩們「雖不如意也快樂」的觀念，給了想充分利用人生的我們最大的希望。也就是說，讓自己快樂的選擇，可以——也必須——在你面對人生最嚴苛的考驗時出現。

幾乎每個專家都有轉捩點，也就是他們有意識地選擇快樂的時候；有些專家甚至能指出做出這個決定的時間點。我想跟你分享露絲・赫姆的經歷（第二章介紹過她找到真愛的動人故事）。她在納粹德國當猶太小孩的處境有多艱難，完全超乎當今我們的想像。她的人生從溫暖的家庭和充實的校園生活、活動和派對，猛然一變，「轉瞬間，眼前就是納粹黨徽和軍服——我好怕那些軍服。那太嚇人了，因為你已經聽說會發生什麼事。」她們一家逃往美國，露絲也在美國成長茁壯。但就連少年時的悲慘境遇，也未能使她準備好面對人生最大的悲劇。

> 這悲傷的故事是這樣的。我有三個孩子，最小的女兒雪莉想成為女演員，她對此很熱中。她的表演老師叫她泡泡，因為她就是那樣——一個熱情奔放的女孩。她在二十一歲時，有天回家說：「爸爸，我可以去度假嗎？我的朋友在那裡有朋友，我可以跟她一起住，只要付機票錢就可以了。」我們為什麼要說不呢？她是個好女孩，而且她有權利去，所以我們讓她去了。
>
> 但不幸地，飛機在機場墜毀，她當場身亡。二十一歲，只是個漂亮的、美麗的小女孩。我們去過那麼多地方，從沒發生這種事——飛機失事。你在報上看過的，都是你不認識的人，和你無關。啊，有三十八個人喪生。

露絲的遭遇是我——兩個女兒的父親——所能想像最可怕的噩夢。我不假思索，用或許比我想像中熱切的語氣問：「人們要怎麼克服這點？妳可以告訴我妳是怎麼做到的嗎？」她點點頭。

我現在就告訴你，故事是這樣的。這絕對是最糟的情況，連有深仇大恨的仇人，我都不希望他遇到這種事。我魂不守舍地過了兩年，那幾乎毀了我的家庭。我成了行屍走肉。所有該做的家務我都照做不誤，但一做完我就上床睡覺，睡覺是我逃避的方式。先生會回家，我們會共進晚餐，我負責收拾清理，然後在床上消失。幾年後，住在隔壁的鄰居跟我說：「妳知道嗎，露絲，妳老是跑掉，老是去睡覺。喬伊不得不過來找我們，因為他需要跟人說話。」我就是那樣過了兩年。

有一天，女兒吉兒從大學回來，跟我說：「媽，妳老是這麼難過，這讓我覺得自己必須逃離妳的身邊。」那真是驚醒我的教訓，這句話徹底改變了我。於是，我對自己說：「好了，露絲，妳不能再這樣下去了，因為妳正在趕走其他妳愛的孩子，也會殺了妳的先生。」一切就在我女兒跟我說那些話的那一天發生。「媽，妳老是這麼難過。」我就是在那個時候改變自己。

現在，我的鄰居們會想：「噢，那位女士一輩子沒遇過倒楣的事。」他們總是說：「妳是天底下最快樂的人——妳總是笑口常開。」他們應該知道我的過去，從我還是小女孩時的經歷，到喪女的事。那無論發生在誰的身上，肯定都是最壞的境遇。

但我改變了一切，我選擇讓自己快樂。為了我的家庭，我做此選擇。因為我一直在傷害他們，傷害我的孩子，傷害我的先生。我告訴自己，那是我現在應該去想的。我得維護他們，得照顧他們。雪莉不需要我的照顧了，我必須照顧還在這裡的人。就是這個想法，把我拉出泥淖。感謝上帝，讓我和先生仍能共度那些歲月。雪莉身亡是在一九七〇年代的事，而我們在她去世之前，都過得非常快樂。

所以，或許你可以告訴人們這個故事——一位女士熬過艱難時光的故事——告訴他們，她明白坐困愁城將無濟於事，只要動動腦筋，你就走得出去。現在你在我身上看不到哀傷，你看到的是一個微笑的、快樂的人。

當然，問題來了。他們究竟是如何辦到的？或許對許多人來說，我們應該「選擇讓自己快樂」的建議合情合理。關於如何依照這個建議行動，多數人都可運用一些指引。專家們一致認為，讓自己快樂的選擇並非一勞永逸。相反地，我們每一天都必須刻意身體力行——無論外在環境為何。最快樂的長者覺得自己被賦予權力；他們已經學會如何行動——刻意朝一個積極的觀點邁進。

若要我回想有誰每天都在做這個選擇，我馬上會想到瑪莉．法默。我親自到位於紐約市的養老與殘障中心拜訪她。六十七歲的瑪莉在門口熱情地迎接我，邀我入座。我馬上就注意到她身體受損的程度。她一腿戴了很重的支具，左手軟綿綿地垂著。她視線的焦點沒落在我身上，因為她已全盲三十年。

一九八〇年代初期，瑪莉的生活過得十分順遂。她形容自己喜歡那個年紀的一切事物，「我喜歡出門，享受美好時光！」她有一份安穩的工作，收入相當不錯。她的女兒就快高中畢業，而瑪莉衷心期待全新的自由。然後，毫無預警地，她突然被嚴重的中風打倒，將她從一個努力工作、熱愛人生的年輕媽媽，變成一名重度殘障、須仰賴他人照顧的女性。瑪莉告訴我：

除了癱瘓，我的視網膜也損毀了。我喜歡說：「我坐在奇蹟的前座！」我必須學會全新的生活方式，必須學會在黑暗世界中生活。一夕之間，我失去獨立自主的能力，花了整整十八個月的時間在醫院裡做復健。之後我回到家。我是有一點進步，但你可以看到我現在的樣子。

我什麼也看不見，我的左半身仍有些癱瘓。右手——我的慣用手——也有腕隧道症候群，那困擾著我，特別是在夜裡。光靠自己我哪裡也去不了，這種視力讓我失去方向感。我找不到往街底的路，所以每次我離開公寓，都需要協助。

如果故事就此打住，你或許會猜想它的結尾：一個重度障礙的女性年華老去，成為紐約市數萬名社會隔絕者之一；有時只有在去世時才會引來關注，鄰居這才注意到他們已經不在了。但瑪莉．法默的人生並未這樣發展。她找到一條穿越災難，通往豐富、充實人生的路徑。她參與教會及志工活動，維持相當活躍的社交網絡，並為其他面臨視力問題的長者擔任同儕輔導員。

瑪莉回想，在中風住院之後，她來到一個決策點。

我必須去做的第一件事，是決定不要為自己感到難過。不這麼做，我就只能枯坐在那裡，等著開同情派對。你知道同情派對是怎麼回事嗎？撒旦會帶著薯片來！我明白，能活著，我就很開心了。有段時間，我沒辦法自己下床。那就是我現在這麼早起，大概五點就爬起來的原因，因為我好高興可以自己起床！

你必須做你該做的事，因為那正是我被教養的方式。不要拖拖拉拉，起床，做你該做的事，做就對了，把事情解決。以前我媽常說：「起來！躺在床上，妳將一事無成！」我這麼做了。我終於起來，創造了人生。

在我動身離開之際，瑪莉把我叫了回去，總結她在無視厄運、選擇快樂的決定：

擁有生命，就值得開心。我很滿意自己的人生。我的意思是，我希望能自己行走，不必靠支架，希望能用我的左手。但我想要為我而來的每一天，仁慈的天主分配給我的每一天，我都想要！

一如瑪莉，許多專家發現每天提醒自己生命的禮物，能幫助他們選擇快樂。七十三歲的雪萊．蓋瑞也有健康問題，包括需要心律調整器的心臟病、腎臟病和嚴重的背痛。然而，她會在每一天開始的時候強調，對於自己的快樂，她有選擇權。「每天當我醒來，我會說：『謝謝你給我今天。這真美妙。我要怎麼度過呢？』因為這是超棒的人生。真的是這樣。」她繼續說道：

如果我發現自己有不好的感覺，我就會刻意開始細數我幸運的事。那聽起來簡單而愚蠢，但很有效。老是惦記著事情有多麼傷感，是沒有用的。如果你專注於你已經得到多少，心境就會大大不同。但基本上，我要做的是用意志力，促使自己回想生命中美好的事物，而那不勝枚舉。

我已經可以和自己和平共處，這種感覺真的很棒。

安朵娃奈特．華特金斯，四十六歲時經歷了女兒的驟逝。但她仍保有相當正面的人生觀。

我想我的人生充滿了禮物。就拿我去世的女兒來說好了。她最後兩、三年的生命是對她極珍貴的禮物，對我們也是極珍貴的禮物，生命本身，以及我們所過的日子，都可以如此美妙，真的可以。你也必須這樣看待它。好好享受它！我所遭遇最艱難、壓力最沉重的經歷是女兒的死，而那件事教給我們，失去孩子和朋友會帶給你一輩子的淚水，但認識他們的喜悅也會持續到永久。

生命會帶給我們問題和困難，這是不爭的事實——如果你還沒遇到這些事，那你很幸運（或許也很年輕）。儘管如此，我們全都有選擇的權力。我們可以每天刻意要自己做個決定，欣然接受正面的態度。你必須說服自己——一醒來就可以決定專注於正面的情緒。為免你覺得我把我們的長者描繪得太美好，請務必記得一件事：每個活到七十歲以上的人，一定經歷過某種悲劇。這其實就是長者智慧的根源，也是我們必須傾聽長者教誨的原因之一，社會中再無其他族群擁有這種以經驗為基礎的知識。

他們已經成為力求平衡的專家，**在接受失去與持續覺察生命樂趣之間力求平衡**。長者深信，我們每個人都可以選擇讓自己更快樂，而且，即使我們正面臨人生無可避免的苦痛，也可以做這個決定。

生命功課三・不要讓擔憂浪費生命

專家們的訊息有時簡單明瞭，這一課就是如此。在被問到可以提供什麼樣的建議，給正在尋找方法可充分利用人生的年輕人時，許多專家著眼於一項舉動——停止擔憂。

當他們反省自己的人生時，我一再聽到「我該少花點時間擔心」和「我後悔這麼擔心每一件事情」的說法。事實上，從晚年的制高點來看，如果有「重來」的機會，很多專家都希望能取回他們耗費在煩惱未來的時間。一回想自己的經歷，便能明白這句話並非無的放矢。

我還記得自己是在哪一刻頓悟這個真理。那時我三十好幾，人生感覺起來正值顛峰。我終於找到很好的學術工作安定下來，婚姻幸福，也成了驕傲的父親，擁有兩個漂亮的女兒。我的研究獲得足夠的重視，使我獲邀至另一所大學演講。我在前一晚抵達，利用美好的午後在校園裡跑了一圈。那天是標準的秋日，會讓每個念過大學的人遙想起當年的情景——空氣涼爽清新，樹葉正在轉紅，青春洋溢、活力十足的學生，在前往課堂的路上有說有笑。

滿懷幸福感的我，一邊慢跑、一邊做起白日夢，腦中栩栩浮現三十六歲的我和二十出頭的我交談的畫面。我仔細思忖自己要說的話，任憑對話在心底流動。我必須指出，年輕的我備受焦慮折磨，不斷地擔心人際關係、財務、人生方向，特別是事業展望。就讀研究所時，正值學術就業市場五十年來最糟的期間，所以我和同學深感煩惱，我們的博士學位會不會只讓我們有資格做高學歷的計程車司機或客服中心接線生。

當我和二十年前的我說話時，我發現自己很想傳達一個緊急的訊息：放輕鬆、別擔心。我想讓二十四歲的卡爾了解，**他正以未來的焦慮毒害當前的時刻，而他真正需要做的是多一點點信任，不要擔心那麼多**。在我的幻想中，我很想告訴那個不成熟的自己：「你看，一切都很順利啊！花那麼多時間擔心可能永遠不會發生的事情，只是在浪費青春年華。」專家講述的課題與我自發性的見解不謀而合，因此聽來格外真實。

他們對於這個問題的建議簡單、直接到不行——憂慮只是白白浪費你寶貴而有限的生命。他們建議，訓練自己減少或杜絕憂慮，是追求更大的快樂最積極的一個步驟。專家急切地傳達，憂慮是毫無必要的障礙，阻擋了喜悅與滿足。而重要的不只是他們說的話，還有他們講述的方式。

八十三歲的約翰·阿隆索是個寡言的男人，但我隨即了解，他說的每句話都鞭辟入裡。從事體能勞動的他，一輩子都在與財務不穩定奮戰。但他毫不猶豫地提供這個建議：「不要以為擔心能解決或幫助任何事情，一點也不會，所以別擔心了。」就是這樣，他唯一的人生課題就是停止擔心。

現年六十九歲、曾任醫師的薇樂莉·阿姆斯壯見過許多人萬分苦惱，她詳盡描述了這個主題：「不要擔心。絕對沒有擔心的藉口，它只會讓你無法採取正確的行動。」她指出我們都太擔心自己的健康了：

> 如果你必須去看醫生，而你擔心他可能會告訴你什麼不好的事，幹嘛擔心呢？你根本不知道他

要說什麼，所以沒什麼好擔心的，擔心只是白費力氣而已。如果醫生真的說了什麼，你就更不用擔心了，因為現在你知道要對它採取什麼行動。擔心會耗損你的元氣，只會一事無成。如果醫生說你必須動手術，而手術有風險（手術當然有風險），那就蒐集資料，和醫師討論、做決定，你同樣不必擔心。你已經做了決定，會怎樣就怎樣吧。

八十七歲的詹姆斯・黃則這麼說：

我問自己，為什麼要擔心？惦記每一件可能出錯的小事，對結果會有什麼差別嗎？當我了悟那一點差別也沒有時，我感受到難以形容的自由。我的人生課題是這個——別再虛擲光陰擔心接下來會發生的事，用其他你喜愛和享受的事情取而代之吧。

停止憂慮的忠告固然重要，專家們強烈而決絕的措詞更引人側目。他們用了「絕對沒有擔心的藉口」和「不要」。艾莉絲・羅塞托回顧她多采多姿的人生，詳盡提供一個拒絕擔憂的基本理由。艾莉絲與她的丈夫結婚六十年，兩人育有四名子女，高齡九十二歲的丈夫仍每天出門工作，她過去則長期幫助有毒癮或酒癮的人們。

艾莉絲認為，擔心是在企圖掌控基本上不能掌控的事情，那於事無補。「對我個人來說，這麼多年來我學到最重要的教訓之一，是你無法掌控可能發生的事，也無法改變已經發生的事。相當程度上，我已能無憂無慮地跟人生談判。我已經明白，如果我對某個情況無能為力，那麼擔心也無法改變什麼。」

我一直很容易擔心，所以很難徹底理解這個概念。對我來說，凡事都別掛慮的想法，就如同想像穴居人或哈比人（hobbit）的生活。因此我想知道：「這樣不去擔心事情，究竟是什麼感覺？」

艾莉絲說：「它會帶來許多安寧與平靜。這不是說我什麼都不掛懷。舉個例子給你聽。沒多久以前，我有個女兒生病住院，我當然很擔心她，但我心知肚明，自己改變不了什麼。噢，對我來說，憂慮就是那種會讓人徹夜不眠的事情，而那種事情不會發生在我身上，因為我知道我無法改變什麼。我已經學會別去擔心事情。」

專家們的這堂課讓我深感訝異。由於專家都經歷過艱困的歷史時期和巨大的個人悲劇，我以為他們可能會支持某種程度的憂慮。在我看來，經歷過經濟大蕭條的人，鼓勵財務煩惱是天經地義的事；曾打過二次世界大戰或在大戰中失去親人的人，會建議我們擔心國際情勢；最近和病魔搏鬥過的人，會希望我們擔心健康。

但事實恰恰相反。專家**把憂慮視為日常生活的絆腳石，建議我們盡一切力量予以排除**。更重要的是，他們覺得擔心是浪費時間。還記得嗎？他們認為時間是我們最寶貴的資源。在他們心目中，為了可能不會發生或我們無法掌控的事情擔心，就是在浪費我們珍貴和有限的生命，無可饒恕。

我們該怎麼運用這個課題，才不會在走到人生盡頭時，恨不得能取回被白白浪費在擔心上的時間？我相信這個課題可以影響我們每天的作息，我們也要在每一次發現自己在無謂憂慮時謹記在心。我發現，不斷提醒自己專家們的建議，能幫助我甩開憂慮（最近我確實有點把這個觀念當成真言來使用）。

更幸運的是，專家們還提供我們一些具體的方法，教我們如何在日常生活中思考煩惱、超越煩惱。我想你會跟我一樣，覺得下列祕訣非常受用。

祕訣一：看短不看長

我試著公平對待每一個受訪者，但我不由自主。如果你說話的對象是超過百歲的人瑞，你很難不對他的話多一點重視。一百零二歲的艾琳娜．梅迪森非常可愛，她漫長的一生有很多事情可以煩惱。她的建議是，在你滿心憂慮時，避免看得太遠，把焦點放在眼前的日子就好。她告訴我：

嗯，我認為如果你在擔心，非常擔心，你必須停下來對自己說：「這也會過去。」你不可以一直擔心下去，因為那會摧毀你和你的人生，真的。但總有些時候你就是忍不住要擔心——那就強迫自己停下來想：這對你沒有任何好處，你必須盡快將它拋諸腦後，一次想一天就好。如果可能，事先計畫固然不錯，但你不可能永遠這麼做，因為事情不會照你希望的方式發生。所以最重要的，就是一次想一天就好。

祕訣二：擔心不如準備

露西・羅文年輕時既害羞又有社交焦慮，現年八十歲的她，已經克服自己無謂擔心的傾向。她發現煩惱的解藥，就是對她焦慮的情況做好充分的準備。她的建議是：

> 我媽很容易擔心，我也是。我想，那大概是天生的吧。但我已經學會準備，為我擔心的每件事做好準備。當我要發表演說或什麼的時候，我會把它寫下來。我有時會在教會裡彈鋼琴，而我會練習到可以完美演奏為止，那樣能趕走憂慮。
>
> 對於我即將進行的手術也一樣，我為它做了一切準備——我已經和每個人說了每件事。我覺得我都準備好了，你知道嗎？上帝會照顧我，我也找到專業技術優異的醫療人員，所以我不會擔心，不會浪費時間。如果你想要保持健康，就把時間花在計畫上吧！

這個建議獲得許多專家回響。他們覺得憂慮和刻意、理性的計畫截然不同，後者能大大消除憂慮。他們覺得最浪費的，是漫無節制的憂慮——明明已針對問題盡一切所能，卻還在掛心。七十三歲的約書亞・貝特曼總結了專家一致的觀點：「如果你要害怕某件事，你就應該知道那是什麼事。至少要了解為什麼，找出原因。『我害怕什麼？』有時你或許有充分的理由，那是合理的憂慮，而你可以加以計畫，不要光是擔心。」

祕訣三：接受是煩惱的解藥

專家們多次走過下列完整的過程：擔心某件事，某件事發生，然後再經歷餘波。正因如此，他們推薦「接受」的態度，做為煩惱的解藥。不過，我們常把接受視為全然被動，不是我們主動培養的東西。要治療煩惱，除了專注於眼前的這一天，以及做好充分準備外，許多專家也建議我們主動學習接受。事實上，這是最資深的長者最常透露的訊息。

有時受訪者年齡的「弦外之音」會讓我猝不及防。當克蕾兒．摩蘭修女不經意提到她的祖父曾打過南北戰爭時，就是這種情況。南北戰爭！我之所以如此訝異，部分原因是克蕾兒看來比實際年齡至少年輕二十歲：她今年就要滿一百歲了。開心地住在教團提供給退休修女的住所，克蕾兒修女仍相當活躍，且積極參與社區活動。在我展開這項計畫前，我壓根兒不相信現在要跟你說的這句話：「如果你想聽一段有趣的人生，那就坐下來，聽一個一百歲的修女講古吧。」

回顧近八十年的宗教生活，克蕾兒表明，停止憂慮是她要教給年輕人的課題。在剛開始擔任修女時，她了解到透過學習「接受」，來減少煩惱的技巧。

> 那時有個牧師幫我們做彌撒，一個還算年輕的牧師，身子骨看來非常虛弱，但長得很俊美、很漂亮。他說在他生命的某個時候，發生了某件事，他沒有告訴我們是什麼事。我聽說他曾參加某個布道團，然後他們要他回美國，這令他心碎。那一定是件很難熬的事，他非常生氣——他就是不能

聽天由命，就是沒辦法接受。他回到這裡工作，但他的心離不開那件事。完全不了解為什麼會發生這種事。

所以他求助於一個年長的牧師，跟他討論。他說：「我該怎麼辦？我擺脫不了它。」老牧師說：「每一次你想起那件事，就說這句話。」老牧師非常緩慢地說：「隨它去吧，隨它去吧。」於是，年輕牧師照著老牧師的方式做了，他說：「我試了他的辦法，一開始沒什麼差別，但我堅持下去。過了一陣子，當我推開它，隨它去吧，它便走遠了。或許不是百分之百，但這就是答案。」

克蕾兒是我見過看來最安詳的人士之一，她使用這個技巧用了超過四分之三世紀。

很多事情都會進入我們心裡，比如說，現在或許正有人傷害你的感情，你很想報復——嗯，就隨它去吧，推開它。所以我開始這麼做了。我覺得這是最美妙的事，因為每個人都有一些嚴厲的想法，你無法避免。總有人會惹你心煩，直到你去世的那一天都有。但當他們開始時，我聽到自己在想：「嗯，現在她不該做這種事，我該告訴她……」隨它去吧。

往往，在我把話說出口之前，我會想：「我說了又如何？」所以，隨它去吧。噢，好多次我都慶幸自己什麼也沒做。這個課題真的惠我良多。

截然不同的女性，雖然有南轅北轍的人生，但訊息十分類似。漢娜·羅貝爾在一九一二年生於

波蘭，她的哥哥移民美國，鼓勵她一起。漢娜在一九三二年聽從他的建議，但全家只有她這麼做。她淡淡地說：「我的其他家人都被納粹殺害了。他們試著逃離，但來不及了。他們沒逃出來，被納粹處理掉了。」她頓了一會兒，清楚表明她想轉移話題：「但是，你能想多久，想多深？你怎麼想都不夠。」

漢娜現在住在曼哈頓一間舒適的公寓，由一個孝順的女兒和一名助手協助她維持獨立的日常起居。她在美國過著她認為相當精彩的生活，在華爾街工作多年，嫁給一個成功的醫生。或許就是這種悲喜交織的人生經歷，為她創造了超脫世俗的平靜。漢娜可以抱憾終生，但她不僅沒有，還給了這個忠告：

> 要記得，人生是好事一樁。你必須從問題中學習，否則問題會壓垮你。我已經學會許多人生的課題，再也沒有什麼能困擾我了。一定要如此，非這樣不可。接受它，沒錯。如果你不接受它，你就會每下愈況。冷靜下來，順勢而為。人們擔心死亡，擔心一切種種，我一點也不擔心。如你所見，我是很優哉游哉的人。不管人生怎樣，我都接受。如果我明天會死，那就死吧，不然還能怎麼活下去呢？人生苦短，你必須敞開心胸，學會接受，而非擔憂——這樣你就會過得很好。

憂慮是現代人特有的「流行病」，流行到對某些讀者而言，似乎不可能照這堂課去做。但專家告訴我們的話，與研究成果相當一致。

據研究煩惱的科學家表示，煩惱最重要的特徵是，它發生的時候，其實並沒有真正的壓力源；也就是說，**我們常在沒什麼好煩惱時煩惱**。[1]這一類的憂慮——反覆想到可能發生在我們或摯愛身上的壞事，與具體解決問題截然不同。擔心的時候，我們會一直想著可能的威脅，而非運用認知資源（cognitive resource）來設想脫離困境的出路。

根據專家的說法，減少後悔的一個至關重要的策略，就是增加花在具體解決問題的時間，並大幅消除耗費在擔心上的時間。**解決問題能提升生活品質，自尋煩惱則會害你浪費寶貴的時間而追悔莫及**。

生命功課四．想「小一點」，抓緊當下樂趣

人們在追尋快樂時，往往會想到那種高檔的東西，例如買房子、找伴侶、生孩子、換新工作、賺更多錢。現在我們已經從長者的觀念中獲知，這種態度是錯的。經驗告訴他們，這種「唯有未來發生某事才會快樂」的誘惑，是個陷阱。而這個道理，有些專家直到生命接近尾聲才恍然大悟。因此，問這個問題合情合理：「我們可以有什麼具體作為來避免誤中圈套？有什麼辦法可以讓我們不再執著於日常生活的問題與缺憾，或一心懸念未來而忽略現在？」

據專家們表示，這個問題的解決之道，是在我們等待人生發生轉變的同時，提升我們享受日常生活的程度。許多專家都用了時時刻刻「品嘗」生命樂趣的意象，就像我們品嘗美味佳餚一樣。從長者的制高點來看，年輕人在追求快樂的同時，總是心繫遠大的成就。**他們常執著於未來的計畫而採用忙亂不堪的生活方式，以至於無法注意當下令人高興的面向。**

由於時間所剩無幾，專家對於微小的快樂十分敏銳——年輕人往往要等到被剝奪了才會意識到的快樂：一杯早晨的咖啡、冬夜裡一張溫暖的床、在草坪啄食色彩鮮豔的禽鳥、意外收到朋友寄來的信，甚至在收音機聽到喜歡的歌（以上都是長者在我的訪談中提到的快樂）。特別關注這些「微型」事件，就能織出一張快樂的網，每天提振他們的精神。他們相信這種做法也適用於年輕人。

對許多人來說，這是一堂在經濟大蕭條期間學會的課程。那種被剝奪的經驗教會他們，要熱情地享受小小的樂趣。我們的需求和欲望已被養大，得有相當大量的物資才能取悅現在的人。但很多專家都在成長過程中，學到「品嘗小東西」的課題。對於如何學習欣賞每天的小樂趣，我最喜歡的描述之一來自於拉瑞．韓德利：

我告訴你，一九三〇年代，我們遇到經濟大蕭條。如果你覺得今天這樣算是蕭條，這跟當年根本沒得比。當年人們根本沒有足夠的東西可以吃，我家附近有很多為人父者都沒有工作。而我們會分享簡單的東西，因為人們就是沒有錢，我們或許偶爾會拿到一枚鎳幣。從我家走半條街有一座很棒的公園，裡面有很多適合孩子的活動，還有一座很大的滑冰池。他們會在夏天舉行樂團演唱會，鄰居全都會過去。

公園裡四處都有賣爆米花的推車，孩子們會拿著五分鎳幣，猶豫不決地站在那裡好幾分鐘：「該買什麼好？」然後那些窮光蛋會好生伺候你。他們會耐心地等你決定：「要買爆米花，還是冰淇淋，還是哈洛威的棒棒糖？」偶爾在星期六下午，會有給孩子們看的日場電影，票價只需十分錢。看完電影，如果我們還有五分錢，我們會停在有賣冰淇淋和爆米花的地方，買一些來吃。天啊！那真是美好的星期六午後。

「天啊！那真是美好的星期六午後。」我怎麼也忘不了這句話。我看過孩子去購物中心瘋狂採購，或去影城看完電影回家，躍躍欲試地吃著十美元一盒的糖果，但我不記得曾經聽過他們滿足地讚嘆：「天啊！那真是美好的星期六午後。」

由此可見，有一個特點清楚凸顯了專家追求快樂的方式：他們對於「大事」和「小事」的認定。這個論點是七十六歲的鄔蘇拉．勞特巴赫教給我的。她的人生動盪不安，同樣遭逢慘痛的悲劇。生長在前東德境內的她，小時候受到納粹獨裁政府的統治，大戰期間蜷縮在防空洞裡，也經歷過戰後物資匱乏的時期。鄔蘇拉告訴我，這樣的人生經歷造就了她「想小一點」的能力：

我想我學會最重要的事，是不要把事情視為理所當然。你無法為未來會發生的事做好萬全準備，但我明白，儘管發生那麼多事，人生仍值得度過，而你可以享受每一天，特別是生命中微小的事物。就算大事出了錯，你仍能擁有喜樂。

七十三歲的萊迪亞．麥肯揚，年輕時花了很多時間擔心未來，所幸在後半人生應用了這個見解。她的建議是：

享受生活，享受小東西，無論有多小，它們仍充滿樂趣，只是很多人視而不見。我會以不同的眼光看待事物，不會感受到壓力。我年紀大了，我看到孩子面臨他們的情況，他們會為一點事情窮緊張，而我知道自己已經不會再去思考那些事。現在我已明白這些問題終將過去，船到橋頭自然直。我就安坐著，享受人們的陪伴。我喜歡跟他們說話，或散個長長的步。我讓灰塵愈積愈多，我不再擔心灰塵的事。習慣了，不再擔心了。

我們或許會認為，只要你覺得愉快而可以享受人生，這種「品嘗」也滿不錯的。但我卻發現，反過來說其實更真確。病痛或殘疾，反倒能提升品嘗日常樂事的興致和能力。對許多專家來說，遭遇健康問題更能提升他們鑑賞人生小「紅利」的眼光。以下是七十二歲的塔玫拉．瑞德的親身經歷：

我一直病得很厲害，所以很不幸地，最近這些日子我大都在對抗病魔中度過。我得動腦部手術，然後又是心臟感染，這需要每天服用抗生素，而我也在護理之家住了好一陣子。我學到，你必須盡量調適，盡可能享受一切。只要用心看，四周一定有可以享受的事物。你可以欣賞花朵的美，可以聆聽動人的音樂。只要你還可以看，可以聽，就能調整自己，體認生命是值得的。

七十六歲的瑪莉安・倫西近幾年飽受健康問題所苦。她認為這些體驗帶來的脆弱感，也直接促成她的品味能力：

一旦身體出了問題，每個日子都會變得更重要，因為你不知道明天會怎樣。在心臟病突發兩、三次之後，我深深明白這個道理。享受每一天，如果你今天覺得不錯的話。未來誰也不敢掛保證。這聽來像是陳腔濫調，卻是鐵錚錚的事實，真實到我們都忘了這回事，但我們一定要記得。放輕鬆，讓我們觀察事物，開開心心的，不要悶悶不樂或消極頹靡，就高高興興地行走在地球表面吧。

好的，所以我們應該品嘗生命細微的樂趣，至於那些我們無法掌控的大事，就隨它們去吧。這是不錯的一般性建議，但我不知道有沒有更具體的方式，可以讓像我這樣的人付諸實行。

我天生就不是那種「品嘗這一刻」的人。事實上，我往往著眼於接下來會發生的事。我可以在晴空萬里的日子出門跑步，腦海卻一直浮現之後的熱水澡和冰啤酒。然後，在我沖熱水澡、喝冰啤酒時，我又想著明天的工作。然後在工作的時候——哎呀，你知道那會是什麼情況。專家鼓勵我們讓「品嘗」成為一種刻意的行動，把眼下的樂趣當成特別的禮物看待。這是一種心境的轉移，我們可以每天多努力一點來強化轉變。

帶給我長者智慧的許多面向啟發的芙蘿拉．湯波，除了是個詩人，我也要敬稱她為日常生活的哲學家。現年八十歲的她仍持續發表詩作，表達她對西南部風景的愛。她的生活態度是欣然擁抱每一天的樂趣，而她也用一個日常習慣來強化這種態度：

我喜歡在一天開始時，列出我想在那一天做的十件事。不過，我不必全部完成，或許只有其中一項會實現，但我在一天開始時不會知道是哪一件事。這不是「待辦事項」表，只是我想試著去做的項目清單。我總是想嘗試新的事物，它們無須多困難——我應該不會想玩滑翔翼之類的，而是簡單的事。每一天都找尋新的機會、新的挑戰。

如果要我給什麼建議，我會說，去做那天要做的事，不管那有多乏味，但要踮著腳走路，等待「啊哈！」的體驗。那會在你轉過彎，去做你平常做的事情時發生。所以，準備好迎接隨時可能出現的靈光一閃。這樣你就會永遠敞開胸懷，留意不一樣的事——注意到天使翅膀的羽毛。

八十四歲的辛西雅．維瑟強調，要有意識、有計畫地著眼於「現在」的小樂趣：

我的課題是尋找讓我覺得愉快的事物。只要看看窗外就很愉快，所以我不必一天到晚跑來跑去。看看那頭鹿和那隻蠢狗——不必去度假，只要站在那裡看看那樣的東西就好，所以我每天都從許多小東西獲得許多樂趣。比方說，在報稅的日子，我會故意坐下來，看看我去過的公園照片。我會坐下來，拿出優勝美地或黃石公園等地方。我們必須發現這些小而美好的事物。

好幾個長者把「品嘗這一刻」的概念，與「感激生命賜予的小禮物」連結起來。事實上，品嘗與感謝確實相伴而行，兩者都需要把平凡而愉快的日常經驗視為一種禮物。蕾娜塔．摩拉茲一直在思索老化的謎題，而七十七歲的她正引導一群老人討論他們扮演的「哲人」角色。她概述了「感恩的態度」，珍視每一天，品嘗日常生活的樂趣——不管有多小。她告訴我：

變老不一樣的地方在於當你七十歲時，你不再有五十年可活，差別就在這兒——時間有限。因此，感恩就顯得格外重要，感激今天又是新的一天。每天我都會說：「沒錯，我還活著。」每天晚上我都會說：「謝謝你。」我會選擇最簡單、最世俗的事情道謝，因為那最應該致謝。

七十歲的裘恩．金曾任物理學教授，也是社會運動人士。她在自己罹癌期間以及丈夫的心臟問題中，學到「感激」的課題。

我的課題是孩子教我的，他們每一個都跟我說過對我的人生至關重要的話。一個孩子給我一個上頭寫了「信任」的鑰匙圈，另一個則給我一塊刻著「開心」的石頭，這兩樣東西都跟了我一輩子。信任，常懷感謝而開心。感謝你見到的種種美好，感謝你所做的一切。

這個課題還有最後一個要義：專家要你現在就運用這個概念，不要等到人生步入尾聲才想到要用。七十歲的馬康．坎貝爾，大半事業生涯都是熱愛工作的大學教授，目標是在一所頗具聲望的常春藤聯盟大學功成名就。他在六十多歲時，身體出了問題，而且婚姻破裂，迫使他重新思考他的人生態度。他學會品嘗，也希望年輕人比他更早開啟這個過程：

> 要學會活在當下的課題，看似需要一輩子的時間，其實不必。我覺得在我這一生，一直太心繫未來，那是一種天生的傾向——你當然會考慮未來，我也不是說那樣不好。但是，哎呀，只要能活在當下，能夠珍惜你此時此刻，每分每秒身邊發生的種種，就有很多收穫了。
>
> 最近我比較懂得怎麼做，懂得珍惜現在了。這會帶來平靜，能幫助你找到自己的定位。在一個不是非常平靜的世界，這能使人鎮定。但我多麼希望自己可以在三十幾歲時就明白這個道理，而非六十幾歲，那樣一來，我就可以多享受三十年的人生。這就是我要提供給年輕人的課題。

我覺得專家傳授的這個課題格外令人信服，它也已經引領我不斷精益求精，加強品嘗日常生活小樂趣的能力。我們的長者告訴我們，**不要把任何事情視為理所當然**，因為你永遠無法確定未來會怎麼樣。感謝你活著的事實，感激時時刻刻唾手可得、數不清的簡單樂趣。我們幾乎都會在晚年發展出這種能力；但我可以問自己一個問題——為何不在二、三十歲時就創造品味人生的態度，而非得等到七老八十呢？

生命功課五・找出你的信仰、歸屬感

倘若沒有討論宗教精神生活的主題，「像專家一樣思考」的課程就不完整。詩人馬修・阿諾德（Matthew Arnold）筆下的「信仰之海」（The sea of faith），在長者之間既寬且深。受訪者一再告訴我，毫無信仰的充實人生，在他們看來是自相矛盾的說法。

對許多人來說，信仰就像第二天性；就連描述信仰為何如此重要都很難，因為那已如此貼近他們信念系統的核心——也就是他們生命的核心。

但在進一步討論之前，且讓我提供一份少數人的報告。確實有些專家過得非常快樂，而宗教信仰對他們毫不重要。有些生長在信仰虔誠的家庭和社區，但發現宗教對他們失去意義。大家都喜歡九十歲的巴尼・盧洛夫，他自認為現實主義者。「我不是宗教人士，」他說明：「我不相信死後有來世，什麼天堂與地獄。那或許在哲學上說得通，或許科學上可以印證，但對我一點也不重要。我只想試著度過美好而誠實的一生。」

也有一些專家在沒有宗教信仰的環境中長大，並且終老一生。在被問到宗教信仰時，六十九歲的馬克・萊特曼回答：「我是好戰的無神論者。宗教這檔事我完全不信。」

雖然專家沒有一致的看法，但不把信仰視為幸福要素的專家比例很小（我估計，斷言自己未曾受用於宗教或靈性的受訪者不超過五％）。無疑地，要把日子過得愉快且饒富意義，長者們幾乎普遍認同這一課——找個信仰。

這個訊息來自基督徒、猶太教徒、印度教徒、佛教徒和回教徒。有趣的是，甚至那些鄙視組織性宗教或聲稱自己非屬宗教主流的人，也建議年輕世代的成員追求某種超自然的信仰。很多專家做此建議，不是為了拉你信教或要你皈依，而是因為他們相信這成效卓著。信神並投入宗教儀式，被視為追求提升人生快樂境界的一條途徑。

為什麼會有那麼多長者在被問及他們學到的最重要課題時，建議大家擴充生命的心靈層面呢？且讓我們先撇開宗教真假的問題。關於這點我有自己的信念，相信你也有，所以何妨給彼此留點餘地，「你不告訴我你怎麼想，我就不告訴你我怎麼想。」所有人們信奉的實體是否真的存在的問題，已經超越了本書討論的範圍——這問題該請你的牧師、神父、拉比（rabbi）、伊瑪目（imam）、古魯（guru）或其他心靈諮商師回答。

但撇開神學的問題，專家會建議宗教信仰和儀式是因為他們相信這對你有益。他們認為，參與某種形式的宗教活動，有莫大的好處。除了少數例子，專家提供的課題不是「信耶穌你就會得救」或「改宗伊斯蘭」。專家大致會像七十九歲的瑪莉亞・裴瑞茲這樣說：「我覺得人們該尋找某種形式的精神寄託，只要遵循他們選擇的顯靈的教誨，他們的人生就會輕鬆許多。」

八十七歲的索爾．沃辛頓分享這個觀點：「我相信年輕人該有信仰，他們該去了解生命的真諦，他們是誰，跟宇宙有何連結，並想出實踐的信條。」這堂課基本上可說是認同靈性本身，無論個人決定如何付諸實踐。奉行信仰為什麼是人生的重要課題，專家提到兩個主要原因：它是重要的社群來源；在面臨困擾時，它能提供獨一無二的協助。

對一些專家來說，個人靈性就是他們感覺自己需要的東西。八十八歲的吉里安．佩柏里告訴我：「我或許不信宗教，但我仍是個重視心靈的人。」不過，多數專家認為，如果沒跟他人一起實行靈性生活，我們會錯失若干益處。他們清楚表明，時常參與宗教團體會帶給你相當大的助益。如果你對宗教實在沒興趣，也知道永遠不會有興趣，那就略過這堂課吧。但如果你是絕大多數有點相信較高力量（無論組織有多雜亂）的普羅大眾之一，那就請嚴肅看待專家的建議——你應參與其中，而非置身事外。

事實上，研究顯示宗教參與能提供別處找不到（或至少不容易找到）的好處。無論宗教或教派為何，確實出席宗教儀式的人通常比較快樂。研究也顯示，參與宗教和自覺的快樂息息相關，而「投入」宗教集會則能提升生活滿意度。另外，參與宗教較頻繁者也表現出較強的人生危機處理能力。

有趣的是，對一些專家來說，宗教生活就意味著參與教會生活，而沒有深刻的個人靈性體驗。八十一歲的穆琳．史都華上教會上了一輩子。當被問到宗教和靈性對她扮演的角色時，她說：

我屬於這裡的一個教會，而且每個星期天都會去，我相當投入。我是資深教友，主持布道委員

> 會，所以宗教是我生活的一部分。但我不會說自己非常有靈性，我不知道有靈性是什麼意思。或許我太講究實際，沒辦法有靈性。有很多神學的東西，我怎麼也難以理解，可能永遠無法理解吧。我珍惜的是參與社群活動和大家在一起的感覺。

八十三歲的克里斯・舒茲有類似的看法。他成長在中西部北部的路德教派（Lutheran）家庭，而他對故鄉小鎮（只有兩百個人口）教養環境的描述，聽來像是葛瑞森・凱勒（Garrison Keillor）的沃博根湖（Lake Wobegon；譯按：源自於美國廣播劇《大家來我家》〔*A Prairie Home Companion*〕，凱勒虛構出一個位於明尼蘇達州的小鎮，表面上，小鎮居民的智慧高於一般民眾，但實際上是「自我感覺良好」）。他也著重教會的社群，而非主觀的靈性經驗。

> 我在一個在地教會裡非常活躍，我盡可能每個星期天都過去。但對於教會所說的與教義有關的東西，關於來世的種種問題，諸如此類的事情，我並沒有信仰得特別虔誠。但那裡有一件事對我特別重要，也是我參加的原因，那就是來自於一群同樣關心這個世界的人的社群意識。沒有參加教會團體的人，我會覺得他們的人生沒那麼豐富。我相信你可以從其他來源得到這些，但教會具有一些獨一無二的特質。

隨著我們年歲漸長，宗教集會是一個非比尋常的「潛伏性」社會支持管道，在面臨危機或疾病時可迅速、有效地派上用場。凱特・狄・瓊恩在第六章跟我們說過那段令她心碎的婚姻掙扎。對凱特來說，她的教會就是至關重要的社會支持管道：「教會的社群對我意義重大。我一些最好的朋友都在那裡。它就像個家庭。在某些方面，他們比我真正的家人更像家人。」這個社群會在她遭遇個人問題時，從頭到尾支持她：

一度，我感覺自己快要抓不住繩子，就要墜入萬丈深淵。但我也經歷了真正強大的信仰之旅。那引領我繼續前進，讓我體認到就算是最不愉快的經驗也有價值。那原本不是我想要的，不是我預期的，但它無疑大大鞏固了我的信念。當我明白我不必一個人承受重擔時，世界就變得不一樣了。

如果我曾經懷疑靈性社群對專家的重要性，那麼我一切的懷疑，都在一個寒冷的十一月天煙消雲散。那天，我坐在紐約皇后區一所服務印度長者的文化中心吃豆菜（dal）和印度煎餅（roti）。中心裡有很多會員都是從蓋亞那（Guyana）和其他加勒比地區（Caribbean）移民過來的，據我所知，那些地區都有龐大的印度人口。除了標準老人中心的活動（休憩、教育課程、健康篩檢），長者們會來這裡做瑜伽、冥想、唱讚美詩和舞蹈。中心會員彼此提供心靈支持，拜訪喪親者，並在葬禮上進行印度的吟唱習俗。

每每聽到人們聲稱他們「感覺得到」屋子裡的「活力」，我總是抱持懷疑。但沒有其他詞語足以形容這所中心的氣氛：多種活動同時在一個大廳進行。在我四周，年紀老邁但身手出奇矯健的中心會員們聊著天、唱著歌、做著瑜伽。我說的「矯健」是指他們採取的瑜伽姿勢，可能會導致我部分「肢障」。我在這裡遇到很多友善、可愛的長輩（族繁不及備載），依據當地習俗，他們介紹時都被稱為「叔叔」或「阿姨」。

我和狄帕阿姨共處了一段時間，八十歲的她瘦而結實，精力充沛，有親切溫暖的笑容，和充滿抑揚頓挫的蓋亞那口音。在我問及「快樂人生的祕密」時，她毫不猶豫地提到她的心靈信仰：

我們的人生應該要祈禱和幫助他人，什麼事情都要禱告。對此，我深信不疑，那是賜福的一部分。你不必上教會，就能得到賜福。我們的宗教這樣告訴我們——無論你身在何處，你都必須禱告。不管在哪裡，你都要不斷唱著你的禱告文，你要不斷為每件事致謝。神就在每一樣物品，在我們所做的每一件事情之中。我們買了新車回家，就得為新車禱告。我們會說，請神賜福給我們，請神賜福這個城市，請神賜福美國，請神賜福整個世界。

但這個印度中心本身，對她的社群意識和歸屬感也非常重要。

我好愛這間中心！我們來這唱著好聽的歌，一邊唱一邊跳舞。我們會聽美妙的音樂，而我們會跳舞是因為開心，來這裡的人都非常快樂。每個星期一、三、五，我們都會散一下步。中心裡的每個人都會散一下步，保持健康。噢，我跟你說，我好喜歡來這裡的好多人！我們互稱兄弟姊妹，真的親如手足。有人會告訴你有關他的憂慮，你也會向他們傾訴；你會得到些許安慰，也會得到一些忠告。有這麼一個地方，真的很棒。

所以，在這堂有關信仰價值的課程，最重要的部分就是積極參與宗教社群。這種宗教投入，能為人們提供一種在我們的文化中很難於其他地方找到的歸屬感。另外，教會也是美國社會中少數混齡的機構之一。許多最年長的受訪者都表示，年輕的教區成員會主動承擔通常由家人扮演的支持性角色。

許多專家也推薦找個信仰，來面對漫長生命無可避免的痛苦和喪失。信仰會將苦難往後面推，讓人們得以接受殘障、疾病、至親之死而不灰心絕望。事實上，有些受訪者大惑不解，其他人是如何不靠信仰度過人生的磨難。對一些篤信宗教的人來說，正是他們對神的療癒力和來世的信仰，幫助他們度過難關。而對信教沒那麼傳統的長者而言，精神信仰也讓他們得以在面臨逆境時，充分利用人生。

我跟柯提斯和芭芭拉·麥克艾里斯特夫婦，在他們舒適的廚房喝過咖啡。七十四歲的柯提斯和七十三歲的芭芭拉，是一對體格健美、充滿魅力的夫妻。事實上，他們和我約在上午見面時，才剛從健身房運動回來。但外表是會騙人的，芭芭拉和柯提斯應付過的健康問題不比別人少。

三十來歲時，柯提斯就得過威脅性命的腦炎。芭芭拉告訴我：「他上班時打電話給我說，『妳今天得來接我，因為我覺得自己沒辦法開車了。我兩隻手臂都動彈不得。』他後來比較好了，我們很幸運，因為有些人永遠沒辦法復元。」

更嚴重的是芭芭拉與癌症的長期抗戰，這算是家族遺傳。芭芭拉在快五十歲時被診斷出第三期卵巢癌。「那真的很糟。我做了化療、動了手術，整整住院一年。但我比較好了，這出人意料之外。我不認為我做得到，但我辦到了。」十一年後病情復發，但已順利治癒。

就在那個時候，柯提斯和芭芭拉決定退休，享受彼此、子女和孫子們的天倫之樂。但病魔還等著再折磨他們一次。七十出頭時，柯提斯也被診斷出癌症；現在他正在緩解中。這對夫婦希望我了解他們絕非「宗教狂熱分子」，但他們強烈建議藉由宗教信仰，支持他們度過所經歷的人生危機。熬過致命疾病和痛苦治療的芭芭拉告訴我：

> 毋庸置疑地，我們的信仰相當深厚。那很重要——我們的信仰和信念。我真的感覺上帝與我同在。我覺得就算終究會發生什麼事，我們也絕不孤單。上帝與你同在，或所謂的神性臨在（divine presence），或是其他人賦予的種種名稱。只要你相信，名稱並不重要，而那會讓一切大不相同。因為當事情棘手到你無法應付時，你只要說：「好，就交給祢決定。」對上帝或其他信仰對象說：「好，我已盡力而為，其他就交給祢決定了。」

柯提斯呼應了這個觀點。

> 我還記得芭芭拉腹部開始出現激烈症狀的情景，不久後，她便罹患卵巢癌。幾年前她病情復發。我的意思是，她就像活生生的奇蹟。我們祈禱——我們向上帝致謝。或許真的是上帝把她治好的，更確切地說無論結果如何，我們都受祂照顧。
>
> 無論她真的死去或好轉，我們都相信上帝。不是那種宗教狂熱的方式。她做了很多冥想和各種有助於人們應付情況的事情，仰賴上帝幫助她。
>
> 人生絕不只有自力更生而已。我想我們都需要一些靈性，相信人生絕不只有這些年，這七十五年。在那之後，會有報償。

至於宗教信仰較不傳統的專家，參與儀式仍能幫助他們面對生命的悲劇。艾波．史騰告訴我：

> 我們是猶太人，而宗教對我的先生來說非常重要。隨著歲月流逝，它變得更加重要。宗教在我的生命中，一直不是非常重要的部分，我不信神。但我必須說，有些儀式對我很重要。在先生去世時，我發現猶太的悼念儀式能夠撫慰心靈。
>
> 現在我也喜歡假日，因為假日蘊含了家庭的精神。我對猶太人的身分產生了認同感，那與宗教沒什麼關係，主要是對於一個社群的歸屬感。

關於專家的宗教觀，我們還有一件事情可以聊，而這件事在今天這個年代格外重要。你或許並不意外靈性和宗教會在長者的人生扮演要角，使他們眾口同聲，但我並未預料到他們對他人信仰的容忍程度。絕大多數的專家同意宗教是充分利用人生的一條途徑，但很少專家有意說服你該信奉哪種宗教，就連篤信宗教的專家也不會如此。

蕾娜塔．摩拉茲就是一例，信仰堅定，也能容忍其他途徑：

我的本質根源包含一個事實。我不記得有哪個時候不知道自己正受到上帝——慷慨、萬能的神——的關愛。這個事實引領我接受耶穌基督福音解放心靈的訊息。但你屬於或不屬於哪個教會不是重點。如果這裡有回教徒，有印度教徒、佛教徒或猶太人，他們同樣會告訴你他們的宗教說：「關愛彼此，寬恕彼此。」這是普遍一致的信條。

我曾主持一個團體，一個男人說：「你要做的就是相信耶穌基督是你的主和救世主。這就是你唯一要做的事。」我說：「噢，你何其有幸了解這點，所以我為你感到高興，但不是每個人都如此相信，每個人的信仰都不一樣。」

或者誠如九十七歲的柯拉．簡金斯所說：「對『更高的存有』秉持深刻但不狂熱的信仰。一個有愛心、慷慨、健全的人，要在混亂的世界維持平靜，這是基本要素。」「深刻但不狂熱」一語完美描述了專家鼓勵我們培養健康、充實的精神生活的建議。

練習・黃金律——先伸出你的手

在這一章，長者告訴我們事物的全貌。我們可以做些什麼以便過上最快樂的生活？針對這個問題，他們從人生最後的階段回顧，舉出面對人生挑戰與艱困的經驗，重大歷史劇變的第一手資訊，以及獨到的見解。這是一項艱巨的任務，但專家們搞得定。本章備忘錄如下：

一、**從現在開始「算日子」**。彷彿人生短暫似地過日子——因為事實如此。重點不是為此憂鬱，而是依此行動；重要的事，現在就去做。

二、**快樂是選擇，不是狀態**。快樂不是當條件完美或接近完美時，才會發生的狀態。你遲早必須無視挑戰與艱困，選擇讓自己快樂。

三、**花在擔憂的時間就是浪費生命**。停止憂慮，至少不要那麼煩惱。那些煩惱，只是在大肆虛耗你寶貴的生命。

四、**想小一點**。要充分利用人生，就得想小一點。現在就去關注簡單的日常樂趣，學會品嘗。

五、**找個信仰**。有信仰的人生能增進幸福，而參與宗教社群能在你面臨人生危機時，提供獨一無二的支持。但你要信奉什麼、如何信奉，都由你決定。

我還想和你分享專家們最後一部分的智慧，它交融了以上五堂課。坦白說，我花了好些時間才悟透這點。這些說法對專家影響深遠，也與他們對人生的看法十分契合。我們在前面幾章看過很多例子，像是「不要帶著怒氣上床」。這些格言看似具有不言自喻的意義，甚至連長者有時都會忘了精確地闡述它們為何如此重要。這就像以往英文課的寫作練習：「寫一篇怎麼綁鞋帶的文章」──你知道得太清楚而難以化為文字。

不過，有一種說法令其他部分相形失色。它在專家回答各式各樣的問題時一再被提及，包括「在你人生旅程中，你學到最重要的課題是什麼？」以及「你身體力行的最重要價值和原則是什麼？」事實上，這句話被提到的頻率，或許比任何單一建議都還高。這個重要的真理是什麼呢？我第一次注意到這點，是一位古道熱腸、幫我們整理這些課題的年輕研究員過來跟我說：「皮勒摩博士，我一直很納悶──人們真的這麼在乎『黃金律』（The Golden Rule）嗎？」

黃金律，相信很多人都記得曾在主日學校的課程中聽到這個詞。有些長者在描述他們的核心價值時，就只說了這三個字：

採訪者：你身體力行的最重要價值或原則是什麼？

專家：黃金律。

不過，他們常加以改述，說出諸如「要別人怎麼對你，你就先怎麼對人」，或是「你想被怎麼對待，就先怎麼待人」等版本。有些答案甚至說得更自由奔放，諸如「希望人家為我做什麼，就先為人家做什麼」，或「要對人家好；對人不好，人家就不會對你好」，以及反面的版本：「己所不欲，勿施於人」。他們說了那有「識別作用」的三個字後，往往就會戛然而止：「你知道的，就推己及人嘛……。」

為什麼？我問自己。為什麼是黃金律？

我沒有任何數據資料可以比對，但我由衷懷疑和我同齡和比我年輕的人，會以黃金律做為他們的處世原則。追根究柢是一大挑戰，因為許多專家都覺得沒有必要解釋，為何黃金律是處世之道。所以，我決定針對黃金律真正的意義尋求一些協助。

所幸，許多學者都探討過這個問題。傑佛瑞・華特斯（Jeffrey Wattles）所著的《黃金律》（*The Golden Rule*）一書（十分令人驚奇吧！），是我找得到最可靠的解釋。[2]

多數專家在主日學校學到的「黃金律」版本，是來自英皇欽定版聖經（King James Version of the Bible），大意是這樣的：「你想要別人為你做什麼，就要為他們做一樣的事。」但黃金律之所以那麼常被提到，一個理由是每個宗教傳統都有自個兒的版本。

印度教：「既知那對自己有多痛苦，我們就不該對別人做我們不喜歡別人對我們做的事。」猶太教：「你憎惡的事，別對鄰居做。」伊斯蘭教：「直到他為兄弟冀求的，同於他為自己冀求，你們才會真的相信。」儘管如此，我仍難以確實了解，長者們何以把它看得如此重要。

執著於這個問題的我，回頭讀了專家提到黃金律的一切事情。然後我慢慢領悟，他們提出的是多麼能創造美好人生的指引。他們仰賴黃金律，其實就是著重「惻隱之心」。這個詞完美地歸納他們告訴我的一切；惻隱之心（compassion）的拉丁文原意即是「和……一起受苦」。「推己及人」意味著我們必須努力同理他人，了解他們的觀點，感受他們所感受的，並將他們視為人生艱苦旅程的夥伴。懷抱這樣的同情和同理心，我們自然會以希望被對待的方式來對待他人了。對許多專家來說，有人為伴的重要性是經由一連串的質疑、悲傷和歡快的體驗才學到。他們常這麼一言以蔽之：「對別人好一點」或「與人為善，伸出援手」或「敬重他人」。

九十一歲的馬貝爾．洛伊茲，以「愛」這個字總結了這個人生課題。一如其他專家，對於有機會付出愛與同情，她滿懷感激，也遺憾未能如此付出的時候：

> 我想最重要的就是愛吧！付出愛，讓你的孩子和孫子知道你愛他們及他們的家人。如果我的人生可以重新來過，我會對人們更有同情心。你知道，你會嚴厲批判某些人，但現在我既然了解他們的經歷，我會更有同情心。我會找出他們的優點，不會那麼嚴格。我愈來愈能體認他們的人生。

最後，我要請約書亞．貝特曼說些話，他最近的疾病讓他專注於思考生命的意義。他告訴我，到了這個時候，充分利用人生就是設身處地、關心他人。

> 嗯，你幫助過誰？你進過哪些圈子呢？誰喜歡你？我認識一些人，他們從未幫助別人，什麼事也沒做，他們沒進過任何圈子——一直活在自己的世界裡。你知道嗎？沒有人會去參加他們的葬

禮，好像他們從未來過人間似的，他們並未激起任何漣漪。他們沒有跟誰互動或是幫助過誰，或是做過什麼事情來給誰力量。

在好的一面，我有幸認識一個很棒的老奶奶，有一千多人參加她的葬禮。所以如果我把頭埋進洞裡，凡事只想自己，不試著行善，不出去與人互動，不花腦筋幫助別人，那就不會有人來參加我的葬禮了，而那是我罪有應得。

Chapter 8 生命體悟

智慧就在你認識的人身上，開口問吧！

長者告訴我們，天下無不散的筵席。當你讀到本書的尾聲，我也來到一個花了我五年光景（我預期是壽命的十六分之一，如果你正在算的話）的計畫盡頭。我可以呼應專家們「光陰似箭，歲月如梭」的想法：這五年有何成果？而那個展開這項計畫、卻渾然不知自己在尋找什麼的人，現在又在哪裡？

一開始，我確實有急迫但模糊的欲望，想知道長者們會給我哪些建議能夠愉快過著一生。這個探求改變了我，我也希望讀這本書能改變你對充分利用人生的想法。

鑽研這個計畫多年下來，我有了這個絕無僅有的經驗：短暫進入人們的生命（一、二個小時），詢問一些基本而與存在密不可分的問題。你這一生學到最重要的課題有哪些？你身體力行的價值觀與原則為何？你深思過死亡嗎，對死亡有何感覺？你會給年輕人哪些有關婚姻、工作、教養、健康和精神生活的建議？不可思議地，一千多位年長的美國人接受挑戰，並對我敞開了心胸。

有時我會與他們一同歡笑，如果他們跟我分享的事情像這樣：

我在大學畢業之前又窮又害羞，畏畏縮縮的。我娶的女孩教了我生活上很多體面的事情（像是不要當眾挖鼻孔、每天換內衣、常洗澡、要刷牙）。我的建議是，和一個能圓滑地控制你和教育你的人結婚。

我學到什麼教訓？避開麻煩——並且離人妻遠一點。

六十八歲的女性別穿迷你裙！

有時候，當他們靜靜分享這樣的故事時，他們會哭，聽著聽著我不禁跟著流下眼淚：

我的女兒在幾年前過世，我很想她。我會回想她五歲的時候、十歲的時候，我們一起做的事，就彷彿她還在這裡一樣。你忘不了他們，你會在腦袋裡跟他們一點一滴地聯繫，永遠記得他們。

我住在一間很大的維多利亞時代的老房子，有那種環繞屋子的陽台。夏天，當天氣好的時候，我會坐在外頭，放任我的心漫無目的地漂流，有時我會想到她。你知道嗎？我會想到曾經發生過有趣的小事情，然後我就笑了起來，如果剛好有人經過，他們八成會想：「噢，她瘋了。」但你就是會這樣。

不久之後，你得學著去過沒有她的生活。你早上起床，度過這一天，很快地，你早上起床，度過愈來愈多個沒有她的日子。喏，你就這樣辦到了。

隨著這項計畫步入尾聲，我明白自己將會多麼懷念這種興奮：再多認識一個人，聽這些我從未想過的課題，並獲得獨到的見解，也對長者的人生觀有新的認識。我會想念那些驚訝的片刻，例如一個雍容華貴、九十多歲的女性，針對人生晚期的性滿足提出以下建議：「給自己找個年輕男人，付錢給他！」（沒錯，這是千真萬確的事。）

或者是一位七旬長者問我，是否介意他在訪談時「吸點大麻」（這建議不可採用）。我會想念和結婚五十年以上的夫婦會面時，見證到那種永不冷卻、自在的愛（有時甚至是熱情）。我知道我也會懷念和那些長者一起搭乘「時光機」的感覺，他們聽過南北戰爭的老兵追憶過往，或曾在慶祝一次世界大戰結束的遊行行列中歡呼。

我會懷念專家們的多樣性。他們來自全美各地：德州、加州、紐約和其他各州，有些是來尋求更好的生活，有些則是逃離祖國政治動亂和迫害的移民。我很喜歡他們的口音，那比年輕人來得重，也沒有那麼同質化。有輕輕柔柔，像樂曲般拉長調子，節奏緩慢的德州口音。「Yes」被轉化成「yay-yes」，「twenty-five cents」變成了「twenny-fi cints」，「government」變成「gummint」。也有和紐約人快速、利落的討論，他們省略了字尾的「r」，把「th」發成「d」，所以我會聽到很多「muddah」（指「mother」）和「faddah」（指「father」）。

還有一些受訪者是從加勒比地區遷居紐約市的印度裔族群，他們的口音夾雜了印度腔和加勒比海腔，有點像是愉快地吟唱，但節奏較為明快，會把「with」說成「wit」，「that」說成「dat」。凡此種種，我都視為珍寶。

最重要的是，我會想念他們——這些專家本人。美國人的平均壽命大約在七十八歲，這多少也是我採訪對象的平均年齡。今天，有些受訪者已經離開人世（由於他們對於來世的信仰差異甚大，相信至少有些專家已經遇上了驚奇）。距今十年後，參與這個計畫的長者尚在人世的恐怕不到四分之一。可見這個資源有多麼珍貴，也凋零得多麼迅速。

世界仍繼續向前走——這點專家們會率先出面保證——但請原諒我：少了這個不同凡響的世代，我可能會覺得世界沒那麼有趣。

趁著他們仍與我們同在之際，我們可以採取一個行動——聽他們說話。無疑地，這樣的聆聽對我們的長者而言是好事。對於被採訪一事，專家們一再表達興奮與感激之情。一位愉快的受訪者告訴我：「你真好，會來問我對人生的看法，因為我的妻子和孩子會叫我去別的地方說教！」

對於他們的智慧——有時是付出慘痛的代價換來的，或許能使年輕人受惠，讓他們深感欣慰。但藉由向長者探求人生智慧，收穫最多的當然是我們。

我們可以利用那麼豐富的人生閱歷，推翻現有「常識」的觀點，並獲得曾在難以想像的壓力和艱困情境中，通過考驗的實證知識。專家們的務實面彌足珍貴，這也是我們選擇稱呼他們「專家」的原因了。

我現在仍然經常拜訪他們，這帶給我無限的歡樂。前陣子，我才和一個現年九十三歲、退休二十五年的同事共進午餐。他是一位名聲顯赫的學者，在高等教育方面有著非常豐富的行政經驗。我告訴他一些我目前在工作上所遇到的問題，並出乎他意料地，請他給予建議。我聽了他娓娓道來足以讓我把問題拋諸腦後的經歷，最後則至少帶著四個具體可行的構想離開。我只不過請他吃一頓飯，這實在太划算了。

然而，老實說，專家們大都對這本書的前景感到悲觀，並非他們覺得自己的建議沒有參考價值——事實上恰恰相反。他們深信年輕人必能受惠於他們漫長而獨特的人生經驗，深深希望自己能被視為心靈導師或哲人——這在以往一定沒問題。但他們也認為自己與時代脫節，他們的觀點會被視為不合時宜。

這實在令我感到驚訝。在近來經濟困頓的時期，我們何不聽取曾在大蕭條年代幾乎一無所有的長者述說，該怎麼從容過日子的建言？目前軍人家庭壓力沉重，我們為何不去了解二次大戰期間的家庭如何因應大局？在今日瞬息萬變的後現代社會，還有什麼比長者維繫婚姻、教養子女的建議更實用？

我們不徵詢長輩的意見與智慧只有一個原因——我們不夠了解他們。我們已經揮別多代同堂家庭（或與親戚住在附近）的年代。如今有許多長者都是獨居，孩子們則四散各地。但是比家庭型態轉變更重要的，是當代社會一種奇特的文化現象：嚴格的年齡分野。三十歲的人很少邀請七十歲的朋友到家裡一起吃披薩、看美式足球。

研究顯示，我們的朋友跟我們的年齡差距幾乎都在十歲以內，而且以五歲之內居多。在多數情況下，人們有其他種族朋友的可能性，比擁有年長或年輕二十歲以上的朋友還高。

破除年齡藩籬的第一步，就是彼此交談。我強烈建議你花點時間，詢問社交網絡裡的長者有關我們詢問專家的問題。

在這一章末，你會看到一系列的問題——我敢保證，那些問題能開啟你們良好互動的對話。或者你也可以把這本書拿給你喜歡的長輩，問他們是否同意書裡的課題。「氣味相投」也是他們維繫婚姻的關鍵嗎？或者他們是例外？

他們對孩子的教養或（如果你願意冒著惹惱對方的風險）偏心有何感覺？他們也對第六章描述

的那些事感到後悔嗎？或者他們有不同的意見？他們認同人生比想像中短促，你可以選擇快樂並且停止憂慮嗎？

我的夢想是這些問題能成為大家茶餘飯後的話題。我已經見過這樣的對話有多麼精彩。在我寫這本書的時候，我的女兒漢娜和女婿麥可拿著我的問題清單，去找麥可最愛的、現年九十四歲的喬阿姨。他們花了一小時問完那些問題，聽她細述她的童年、亡夫、名人裁縫師的工作，以及對於愛、失去和生命意義的觀感。

麥可認識她三十五年了，但從來沒有這樣深入地了解她的人生課題。這對他們是饒富意義的一次體驗。請長輩說說他們的故事是一回事，詢問他們對人生的忠告，將會給你更多裨益。

每段人生都有開始和結束，雖然故人辭世，精神卻會長存。我們很幸運，我們的人生和那些經過久遠歷史的長者有所重疊。

某一刻，我領悟到一個驚人的事實。一個一百零二歲的受訪者生於一九〇八年，她的祖父生於一八五〇年，告訴過她有關南北戰爭及其後續的親身經歷。再往前一步，在她的祖父年紀還小時，他認識的長者說不定曾與他分享過美國獨立戰爭的回憶呢！

人生的學問就是這樣轉移的。那世世代代緊密交織的生命體驗，就這樣傳承下來，活在人們的話語中。智慧就在你所認識的人身上——此時、此地認識的人。只要開口，那些就是你的。

可以詢問專家們的十個問題

一、**你覺得自己這一生學到最重要的課題有哪些？**

如果對方不知道從何開始，可以試著問下列問題：

如果有個年輕人問你，「你在你於人世的______年間學到了什麼？」你會怎麼告訴他？

二、**關於結婚和維繫婚姻的問題，你有什麼建議？**

後續問題：維繫長久婚姻的祕訣為何？

在結婚與維繫婚姻方面，年輕人應該避免哪些錯誤？

對於考慮終止婚姻關係的年輕夫妻，你會給他們什麼建議？

三、**在教養子女方面，你有什麼忠告？**

後續問題：人們在教養子女方面應該避免哪些錯誤？

四、**在尋找能夠實現自我的工作和事業成功方面，你有什麼建議可以分享？**

五、**有些人說他們遭遇過艱難或緊張的經歷，但都從中學到重要的教訓。你也曾經如此嗎？**

你可以舉例說明你學到的課題嗎？

六、**當你回首人生時，是否曾見到任何「轉捩點」；也就是改變你的一生，或讓你步上不同軌道的關鍵事件或經驗？**

後續問題：你曾經做了哪些重要的選擇或決定，並且讓你從中學到教訓？

七、**關於如何營造快樂、成功的人生，你現在明白了哪些是你二十歲時所不知道的事？**

八、**你認為自己身體力行最重要的價值或原則為何？**

九、**你學到任何有關保持身體健康的課題嗎？**

十、**關於「變老」，你會給人們什麼建議？**

附錄

研究進行方法

這本書的基礎，是運用多種不同方法向長輩蒐集而得的資訊。在附錄中，我會把這些蒐集資料的行動，統稱為「傳承計畫」（Legacy Project）。傳承計畫和本書有數個面向，都遵循了標準社會學研究方法。

在我的研究生涯中，我已經多次進行這樣的研究，並在科學期刊發表成果。但是就這本書而言，我詮釋研究成果和撰寫報告的方式，偶爾會和標準社會學方法有所出入。我的目標是刻意忽略一些科學研究工作的限制，運用比平常撰寫論文時更多的解釋和個人參與。我想讓讀者更深入地了解長者的世界觀，並鉅細靡遺地傳達他們的人生課題。

傳承計畫

傳承計畫遵循一連串新時代研究特有的步驟。當我開始對研究長者可能提供給年輕世代的務實建議感興趣時，首先我試著找出這個主題現有的文獻。儘管科學期刊對長者智慧的著墨不少，但我很驚訝地發現，竟然沒有一項研究全面調查過長者覺得這一輩子學到哪些具體的課題，或者可為年輕世代提供實用的建議。因此，這會是全新探索的好主題。以下就是本計畫蒐集資料的步驟。

第一階段：試驗性研究。當社會學家遭遇未曾研究的領域時，我們通常會從試驗性研究著手——一種能掌握概略事態的初期資料蒐集。第一件要做的事，就是回答這個問題——關於人生的課題，長輩們真的有一些想法和見解嗎？他們能夠在被問到這些想法時詳盡描述嗎？在研究助理的協助下，我開始尋找答案。

首先，我們聯絡多所大專院校的校友會。我們寫信給六十五歲以上的校友，請他們以書面回覆這個問題：「你這一生學到哪些最重要的課題？」當回信從全美各地紛至沓來，令我又驚又喜。有些長者以二十世紀初期所教的書寫體工整地回覆了好幾頁；有些最資深的受訪者則用口述，再請較年輕的家人代筆。我們也架設了一個網站，並在全國廣為宣傳。有些長輩們——比我們想像中更精通科技——透過網路表達想法。這些方式加起來共有約五百份的書面回覆。

我用這些回覆整理出一部準人生課題的目錄，並擬出一套開放式的採訪規則。在康乃爾大學（Cornell University）研究生的協助下，我們找了大約八十位來自於各行各業的長者，進行試驗性的面訪。這些訪談讓長者得以更詳盡地描述他們的觀念，說說他們是在什麼樣的歷史背景中學到那些教訓。

總的來說，我們獲得許多出色而詳盡的回應。但身為社會學家，我知道還欠缺一樣東西。社會學家仰賴人口的「隨機抽樣」（random sample），也就是說，在我們進行的普查中，每個受訪者被選中的機率必須相等，如此我們的推論才能超越特定族群。無疑地，會選擇寫信的人或上網的長者，或許和其他長輩有些不一樣，所以我的下一步就是解決這個問題。

第二階段：全國性的隨機取樣普查。在康乃爾大學優秀的調查研究中心協助下，我針對六十五歲以上的長者進行全國性的抽樣，隨機選擇全國各地的受訪者，並由訓練過的電訪員進行電話訪問。

訪問一開始，電訪員會概略地詢問受訪者，他們希望能傳承給年輕世代的最重要人生課題是什麼。接下來，我們會問他們在特定領域，包括工作事業、婚姻、教養子女、健康和宗教靈性等領域學到什麼。同樣會問，他們的人生是否發生過任何問題或困難教給他們珍貴的一課，以及他們身體力行的核心價值及原則為何。最後，我們會問他們是否可以給年輕人有關「從容變老」方面的建議。

你或許會問，他們有何反應？當然，人們對於來電的電訪人員會心存疑慮，就算電話自稱來自於康乃爾大學。有一位長者就譏諷道：「我從人生學到什麼？學到別回答電話普查的問題！」但多數人都感興趣。一位女性說：「很高興你打電話來，這問題我可以寫成一本書了。」有些人則很驚訝於竟然有人問這種問題。一個八十歲長者告訴我們：「我就坐在這裡，看著窗外，忽然間電話響了，而你竟然問我這麼深奧的問題。」

這項全國性的普查採訪了三百一十四個受訪者（平均年齡七十四歲），每個人大約進行二十分鐘。所有訪問都有錄音和謄寫，我也把每一則訪問都當成故事，一讀再讀。我同時針對不同領域的回應做了簡單編碼，便於綜覽各種被視為最重要的課題。這份全國性資料的一大好處是，它證實了我從較具選擇性的「便利」抽樣取得的資訊，讓我更有信心，這些課題足以代表一般人口中的長者的心聲。

第三階段：有系統的深入專訪。在花了幾個月檢視所有蒐集來的資料後，我認為必須採取最後一個步驟，才能完成長者實用智慧這幅大圖。我已經蒐集了書面回應，並進行了時間不長的個別電訪。我了解仍有許多問題未獲解答，我需要採用更詳細、更深入的採訪方式。

同時，我從之前的資料蒐集學到兩件重要的事：一、有很多人過了精彩的一生，但不太有辦法將他們的經歷轉化為人生的課題，所以我需要一批較能夠闡述人生課題的樣本。第二、我了解，如果有時間事先思考問題，人們會更容易回答。所以研究的最後一個階段包含兩個特點：依據我們要討論的「智慧」，指定進一步採訪的人士，而且事先將訪問主題提供給受訪者。

我委託專業的同事和機構指定七十歲以上的受訪者，許多出色的受訪者是由全美首屈一指的老年社群供應者——布魯克岱爾長者起居服務公司（Brookdale Senior Living）所提供。其他來源包括養老中心、紐約各縣的老年局、康乃爾農業推廣系統（Cornell Cooperative Extension）、康乃爾大學威爾康奈爾醫學院（Weill Cornell Medical College）和其他團體（請見謝辭）。我也納入了和親友的討論。這些「被指定者」又造就了近兩百四十位的受訪者（平均年齡八十一歲）。我親自做了七十五次專訪，其他則由這項計畫聘請並特訓的採訪者進行，這個階段的專訪為時較久（一至二小時）。

因此，雖然基於方便，我說本書有「上千位長者」，事實上這些資訊是獲自近一千二百位長輩。雖然資訊來源不同——從全國性的隨機取樣，到信件普查，到深入的專訪，長者的觀念卻出奇一致，因此造就了本書呈現的課題。

接著，**分析**。我並未仰賴量化的統計技巧來分析這些資料。如前文所述，我用了簡單的編碼標示書中幾個說了「最常被提到的課題之一」的地方。資料分析工作，遵循了在社會學領域廣為接受的質性與敘述分析，我讀過所有的訪問，有時看了數十遍，從中汲取主題和構成這些主題的要旨。

最後，一如所有大學進行的社會學研究，這項計畫也在康乃爾經過俗稱「保護受訪者規範」（protection of human subjects）的審核，意即在蒐集資料的方法上，我們必須遵守若干程序。值得一提的是，不同於許多普查，本項計畫的參與者並未獲得「完全保密」的保證。他們的身分無法從姓名認出——本書所有姓名都是虛構的，多數是用隨機姓名產生器創造，但我也告知所有的受訪者，我傾向直接引述他們的話，因此他們的身分有可能會因引言透露的細節而被認出。但沒有一個長者在被告知這個情況後拒絕受訪，事實上，有些長者甚至希望他們的真實姓名能加註在他們的課題旁邊。

本書和社會學研究有何差異

接下來的資料蒐集程序，遵循著標準社會學的做法。我拿隨機選擇的全國代表性樣本，平衡了特別對這個主題感興趣的立意取樣（purposive sample）。不過，這是一本要給一般讀者閱讀的大眾化書籍，因此我呈現這個資訊的方式，會不同於在科學期刊發表的資料。

首先，我編輯了書中的引言，讓它們比較容易閱讀，刪除了「呃」「啊」之類的發語詞，也讓文法比較合乎正統。我連接了引言支離破碎的部分，我想讀者並不想讀到這樣的句子：「這個嘛，呃，我想……我最重要的課題，嗯，我不確定……或許是……」不過，書中所用的引言都保留了受訪者的精神。我並未改變他們的語氣和表情，因此讀者可以品嘗到這些人生課題的原汁原味。

其次，絕大多數案例提供的個人資訊都是準確的（例如居住地、年齡、子女數）。但在少數案例中，由於採用的引言比較敏感，為使當事人的身分較不易被認出，我改變了一些描述性的細節或加油添醋一番。雖然，所有的受訪者都同意我們使用他們所說的每一句話，但我不希望有人因此後悔，特別是如果有些小細節，讓他們很容易被親朋好友辨認出來的話。

第三，我在易讀性方面也加入了個人意志。傳承計畫大約包含七百次的訪問，我沒有辦法全部親自參與。不過，我設計了所有要問的問題，仔細訓練了訪問者，並和他們見面加以管理。我可以確定所有問題都照著我希望的方式發問，也從頭到尾聆聽訪問錄音、查閱訪問紀錄無數次。我也親自進行過多次訪問。正因如此，我在本書中的所有訪問都以第一人稱敘述。

同樣地，我相信讀者會感謝我沒有一再提到「六號電訪員問了……」，而以較明確的「我」取而代之。我相信，既然我積極參與了資料蒐集過程的每一個層面，這種做法應該情有可原。

最後，遠多於科學研究所為，我親自做了資訊的詮釋與描述。這項計畫有一部分是我個人的探索，我的反應與經驗時常在書裡出現。同樣地，我也依照自己對長者回覆的反應與詮釋來決定課題；如前文所述，這些課題並非來自於量化分析，並沒有比其他課題得到較多「票數」。

本書是我與訪問內容互動的成品，我既是社會學家，也是一個正在變老、試圖在自己的人生中應用這些課題的平凡人。

謝辭

來自各方無價的協助

這項計畫濫觴於五年多前，必須蒐羅一千多位年長美國人的資訊。在那段期間，許多個人和組織都給了我彌足珍貴的協助、支援和鼓勵。我很榮幸在此向他們致謝。

我虧欠我在書中稱呼的「人生專家」太多太多了，他們投入時間，並分文不取，直言無隱地分享心中所想。我無以回報他們為此書提供的素材，只能冀望這本書有按照他們希望的方式，闡揚他們所欲傳達的人生課題。

我由衷感激協助蒐集這些資料的朋友。和康乃爾大學調查研究中心（Cornell University Survey Research Institute）的合作非常愉快——由 Yasamin Miller 主任和 Darren Hearn 所領導。特別感謝負責採訪的 Vanessa McCaffery、Chris Dietrich、Chelsea Fenush 和 Curtis Miller，他們興高采烈地捨棄了標準化調查研究的規則，與受訪者進行深刻、親密的對話，和他們同哭同笑。而 Linda Finlay 也進行了多次深入的訪談，為整個計畫投注重要的見解。Leslie Schultz 落實了許多複雜的管理工作，完善規畫訪談及整理資料檔案，使之易於使用。

我也蒙受研究團隊成員之恩：Myra Sabir 博士、Helene Rosenblatt、Emily Parise、Mimi Baveye、

Rhoda Meador 博士、Esther Greenhouse 和 Noreen Rizvi，以及為此研究進行試驗性採訪的康乃爾大學生；從過去到現在，他們協助鑑定受訪者、謄寫訪談紀錄、提出構想、編碼及其他相關作業。

我想在此向許多幫忙找出及指定受訪長者的個人及組織致謝。感謝布魯克岱爾長者起居服務的 Kevin O'Neil 博士和 Sara Terry，透過他們遍及全美的社區，為本計畫提供一組不同凡響的受訪者。感謝康乃爾大學威爾康奈爾醫學院老年醫學及老年學部的 Mark Lachs 和 Cary Reid 博士，以及厄文薛伍萊特醫學中心（The Irving Sherwood Wright Medical Center on Aging）的 Mary Ballin 把我介紹給感興趣的紐約居民。

同時感謝下列隸屬於紐約市各養老中心的人士：中央哈林區年長公民聯盟（Central Harlem Senior Citizens Coalition）的 Josie Piper、聯合印度文化諮詢老年中心（United Hindu Cultural Council Senior Center）的 Chan Jamoona 和 Vidya Jamoona、瑞佛戴爾長者服務中心（Riverdale Senior Services）的 Julia Schwartz- Leeper、盲人視障服務中心（Visions/Services for the Blind and Visually Impaired）的 Nancy Miller，以及卡特柏頓老年中心（Carter Burden Center for the Aging）的 Bill Dionne。他們都教給我一個關於老化的重要課題：支持在地的老人中心！

其他人士也在受訪者方面提供寶貴的建議。我大學時的心靈導師 Ruth Harriet Jacobs 不僅給了本書批評指教，也提供多位傑出的受訪者。Rosalie Muschal-Reinhardt 和 Elly Katz 指點我找尋參與「成聖」（Sage-ing）活動的受訪者。瑞佛戴爾希伯來老年之家（Hebrew Home for the Aged at Riverdale）的 David Pomeranz 為我引介了多位居住者。紐約許多縣政府老年局和康乃爾農業推廣系統的人員，也幫我尋找最睿智的長者。

感謝數位人士撥冗審核原稿，給我無價的協助。Peter Wolk 和 Risa Breckman 遠遠超越了朋友的責任，在各個關鍵階段給我珍貴的回饋。Sheri Hall 也在整個寫作過程提供許多充滿洞察力的評論。

我深深感激我的經紀人 Janis Donnaud，多年前她在一通斷斷續續的電話中傾聽我的構想，然後告訴我，沒錯，她也覺得那個領域值得寫一本書。沒有她的協助，這本書永遠見不到光。我也想要感謝 Hudson Street Press 出版社的編輯 Caroline Sutton，她深刻的見解讓這本書脫胎換骨。

最後，事實證明寫這本書動用全家力量的程度遠超乎我所預期，從閱讀草稿到針對成品細節提供意見皆是如此。妻子 Clare McMillan 為這項計畫提供了卓越的編輯技巧和不屈不撓的支持。我的女兒 Hannah Pillemer 和 Sarah Pillemer 與女婿 Michael Civille 也讀了草稿，告知我年輕人對於這些課題的看法。我非常幸運有個大家庭，許多家人都具備與本書有關的專業，包括兩位醫師、一位研究營養師、一位家庭治療師，以及一位發展心理學家。感謝 David Pillemer、Stephen Pillemer、Eric Pillemer、Jane Pillemer、Helen Rasmussen 和 Julianna Pillemer 與我進行漫長的討論，並在我需要的時候傾聽我的焦慮。

NOTES

參考文獻

Chapter 2：一輩子的挑戰。你把婚姻當「自動販賣機」嗎？

1 Surveys in fact show that marriage: Arland Thornton, William G. Axinn, and Yu Xie, *Marriage and Cohabitation* (Chicago: University of Chicago Press, 2007).

2 The noted family historian Stephanie Coontz: Stephanie Coontz, *Marriage, a History* (New York: Viking, 2005), 309.

3 proportion believing that "divorce is always wrong": Naomi Gerstel, "Divorce and Stigma," *Social Problems* 34, no. 2 (1987): 172–86.

Chapter 3：推動你工作的是「使命」還是「存摺」？

1 in a given year, around 574 million: "Expedia.com Survey Reveals Vacation Deprivation Among American Workers Is at an All Time High." Expedia.com. May 23, 2006.

2 People with hedonic motivations: Edward L. Deci and Richard M. Ryan, "Hedonia, Eudaimonia, and Well-Being: An Introduction," *Journal of Happiness Studies* 9, no. 1 (2006): 1–11.

Chapter 4：抗拒「完美」教養誘惑，和孩子走一段最幸福的時光

1 an essay by former treasury secretary Robert Reich: Robert Reich, "Being a Dad: Rewarding Labor," *USA Weekend*, June 13–15, 1997, 10.

2 Surveys show that support: Kaiser Family Foundation, *Inside-OUT: A Report on the Experiences of Lesbians, Gays, and Bisexuals in America and the Public's Views on Issues and Policies Related to Sexual Orientation,* 2000.

Chapter 5：迎向生命最大驚喜之旅。不要浪費時間害怕老化、死亡

1 During the George W. Bush era: Terence Hunt, "Bush Marks Birthday with Calls, Surprises," *Washington Post*, July 6, 2006.

2 Psychologist Todd D. Nelson: Todd D. Nelson, ed., *Ageism: Stereotyping and Prejudice against Older Persons* (Cambridge, MA: MIT Press, 2002), ix.

3 The World Health Organization: World Health Organization, *Preventing Chronic Diseases: A Vital*

Investment, 2006.

4 There's even a whole school: Douglas P. Cooper, Jamie L. Goldenberg, and Jamie Arndt, "Examining the Terror Management Health Model: The Interactive Effect of Conscious Death Thought and Health-Coping Variables on Decisions in Potentially Fatal Health Domains," *Personality and Social Psychology Bulletin*. Published online before print June 2, 2010, doi: 10.1177/0146167210370694.

5 in their book *Successful Aging*: John W. Rowe and Robert L. Kahn, *Successful Aging* (New York: Dell, 1999), 153.

Chapter 7：不要為了打翻的牛奶哭泣！向他們學「活著」

1 The key characteristic of worry: Bart Verkuil, Jos F. Brosschot, Thomas D. Borkovec, and Julian F. Thayer. "Acute Autonomic Effects of Experimental Worry and Cognitive Problem Solving: Why Worry about Worry?" *International Journal of Clinical and Health Psychology* 9, no. 3 (2009): 439–53.

2 Jeffrey Wattles's book: Jeffrey Wattles, *The Golden Rule* (Oxford: Oxford University Press, 1996).

如果人生重啟

1000 位人生專家教我的生命功課，那些不做會後悔的事

30 Lessons for Living: Tried and True Advice from the Wisest Americans

（本書為改版書，原書名為《如果人生有地圖》）

作者	卡爾・皮勒摩博士（Karl Pillemer, Ph.D.）
譯者	洪世民
商周集團執行長	郭奕伶
商業周刊出版部	
總監	林　雲
特約編輯	呂美雲
封面設計	李涵硯
內頁排版	copy、中原造像股份有限公司
出版發行	城邦文化事業股份有限公司 - 商業周刊
地址	104 台北市中山區民生東路二段 141 號 4 樓 電話：(02) 2505-6789　傳真：(02) 2503-6989
讀者服務專線	(02) 2510-8888
商周集團網站服務信箱	mailbox@bwnet.com.tw
劃撥帳號	50003033
戶名	英屬蓋曼群島商家庭傳媒股份有限公司城邦分公司
網站	www.businessweekly.com.tw
香港發行所	城邦（香港）出版集團有限公司 香港灣仔駱克道 193 號東超商業中心 1 樓 電話：(852) 2508-6231　傳真：(852) 2578-9337 E-mail：hkcite@biznetvigator.com
製版印刷	中原造像股份有限公司
總經銷	聯合發行股份有限公司　電話：(02) 2917-8022
初版 1 刷	2018 年 7 月
修訂一版 1 刷	2023 年 6 月
修訂一版 2 刷	2024 年 2 月
定價	360 元
ISBN	978-626-7252-58-1（平裝）
EISBN	9786267252604（PDF）／ 9786267252598（EPUB）

國家圖書館出版品預行編目（CIP）資料

如果人生重啟：1000 位人生專家教我的生命功課，那些不做會後悔的事／卡爾・皮勒摩（Karl Pillemer）著；洪世民譯 .-- 修訂一版 .-- 臺北市：城邦文化事業股份有限公司商業周刊，2023.06　288 面；14.8×21 公分
譯自：30 lessons for living: tried and true advice from the wisest Americans
ISBN 978-626-7252-58-1（平裝）
1. 人生哲學　2. 生活指導　191.9　112005830

生命樹

Health is the greatest gift, contentment the greatest wealth.
~Gautama Buddha

健康是最大的利益，知足是最好的財富。 ——佛陀